公司品牌形象和国家品牌形象对产品评价的影响研究

——来自中国跨国公司的实证分析

韩慧林／著

吉林大学出版社

·长春·

图书在版编目（CIP）数据

公司品牌形象和国家品牌形象对产品评价的影响研究:
来自中国跨国公司的实证分析 / 韩慧林著. -- 长春:
吉林大学出版社, 2022.8
ISBN 978-7-5768-0233-7

Ⅰ.①公… Ⅱ.①韩… Ⅲ.①跨国公司-企业形象-
影响-产品-评价-研究-中国 Ⅳ.①F272-05
②F279.247

中国版本图书馆CIP数据核字(2022)第149745号

书　　　名：公司品牌形象和国家品牌形象对产品评价的影响研究
　　　　　　 ——来自中国跨国公司的实证分析
　　　　　　 GONGSI PINPAI XINGXIANG HE GUOJIA PINPAI XINGXIANG DUI CHANPIN PINGJIA DE
　　　　　　 YINGXIANG YANJIU——LAIZI ZHONGGUO KUAGUO GONGSI DE SHIZHENG FENXI

作　　者：韩慧林　著
策划编辑：黄国彬
责任编辑：高珊珊
责任校对：甄志忠
装帧设计：刘　丹
出版发行：吉林大学出版社
社　　址：长春市人民大街4059号
邮政编码：130021
发行电话：0431-89580028/29/21
网　　址：http://www.jlup.com.cn
电子邮箱：jldxcbs@sina.com
印　　刷：天津和萱印刷有限公司
开　　本：787mm×1092mm　　1/16
印　　张：11.25
字　　数：180千字
版　　次：2023年5月　第1版
印　　次：2023年5月　第1次
书　　号：ISBN 978-7-5768-0233-7
定　　价：58.00元

前　言

在经济全球化趋势下，越来越多的企业走出国门参与国际市场的竞争。在国际市场上，一国的产品或服务能够赢得国际消费者的青睐和认同是企业和国家共同努力的目标。随着"走出去"战略的实施，中国跨国公司，数量不断增多，其规模也在不断增大，涌现出了华为、联想、海尔等一批优秀的跨国公司。近年来，由于技术的进步和生产工艺的日益规范化，产品的同质化现象越来越严重，消费方式由"品质中心"日益转向"品位中心"，消费者在产品评价过程中，不再单单地关注价格、质量等产品的自身属性，开始更多地关注产品背后来源企业和国家的整体实力。然而，回顾已有文献发现，以往学者在研究品牌形象与消费者产品评价之间的关系时，一般是针对产品品牌形象，涉及公司品牌形象的正面研究较少，将公司品牌形象和国家品牌形象纳入一个研究框架并重点分析它们的影响过程和作用边界的研究更为有限，且以往研究所涉及的国家多为欧美等发达国家。发展中国家的市场环境与欧美等地的发达国家的市场环境存在诸多差异，如果将前人在成熟市场上的研究方法一成不变地照搬到新兴市场，将使研究结论产生一定的偏差。本书基于中国的跨国公司，试图探讨国际化视角下公司品牌形象和国家品牌形象对消费者产品评价的影响过程和作用条件，以期能够对跨国经营环境中消费者选择理论做进一步推进，并对中国跨国公司实施品牌营销策略提供有价值的参考。

本书的研究内容分为六章，具体可归纳为以下四大部分。

第一部分为基础研究，包括本书的第一章和第二章。首先，这部分主要阐述本书的研究背景和研究意义，明确本书的研究内容、研究思路并确立本书的整体研究框架。其次，根据本书的研究论题，分析和梳理已有学者的研究成果，对研究中涉及的公司品牌形象、国家品牌形象、全球消费文化和产品涉入度等相关文献进行综述和分析，明确本书的研究机会和切入点。

第二部分为研究方案设计，包括本书的第三章和第四章。首先，根据本书的研究主题，在文献回顾和梳理的基础上，结合刺激-反应理论、双处理理论和线索理论等理论的核心思想，构建本书的理论研究模型并提出相关假设。其次，对问卷的设计原则和设计流程进行简单介绍，并设计本书的研究问卷，具体包括：确定本书的研究对象，初步设计本书的调研问卷。特别地，由于本书是基于中国的跨国公司进行研究的，涉及中国国家品牌形象的评价，为了确保被调研者能够对中国的国家品牌形象进行客观评价，并保证被调研者对研究中所涉及的中国跨国公司有一定的了解，不至于因对公司完全陌生而出现随机作答的情况，因此本书的数据收集是以生活在中国的外国消费者为调研对象进行展开的。最后，进行样本预调研，在预调研的基础上确定本书的最终问卷，并简要介绍本书所采用的数据分析方法。

第三部分为数据分析，也即本书的第五章。这部分在数据收集的基础上，将收集到的全部调研问卷按被调研者来源国经济发展水平状况划分为"发达国家样本组""中等发达国家样本组"和"欠发达国家样本组"三部分进行对比分析研究，并在有效数据分析的基础上，采用层次回归分析模型等分析方法对本书所提出的理论研究模型和研究假设分别进行检验，并对三个样本组中未被验证的假设进行分析和讨论。

第四部分为研究结论和建议，也即本书的最后一章。这部分对全书的研究结论进行总结和概括，并结合本书的研究结论从企业和政府两个层面提出相应的政策建议。在此基础上，提出本书的研究局限性，并指出未来的研究方向。

通过数据分析和检验，本书得出以下三个方面的结论。①直接影响效应。在国际市场上，公司品牌形象和国家品牌形象对消费者的产品评价具有显著正向的影响。②产品熟悉度和产品涉入度的调节作用。产品涉入度在公司品牌形象和国家品牌形象对产品评价的影响关系中存在负向显著的调节作用，消费者的产品熟悉度决定了产品涉入度调节效应的强度，是产品涉入度发挥调节作用的一个重要条件。在产品熟悉度低时，产品涉入度具有显著的负向调节作用；在产品熟悉度高时，产品涉入度的调节作用受到抑制。③产品熟悉度和全球消费文化融入度的调节作用。首先，在针对发达国家样本组进行分析时，全球消费文化融入度在公司品牌形象和国家品牌形象对产品评价的影响关系中不存在显著的调节作用，且这种情况独立于消费者产品熟悉度的高低。其次，在针对中等发达国家样本组进行分析时，全球消费文化融入度在公司品牌形象对产品评价的影响关系中存在显著的正向调节作用，且这种调节作用在消费者产品熟悉度低时更为显著，在产品熟悉度高时受到抑制；全球消费文化融入度在国家品牌形象对产品评价的影响关系中不存在显著的调节作用，且这种情况独立于消费者产品熟悉度的高低。最后，在针对欠发达国家样本组进行分析时，全球消费文化融入度在公司品牌形象和国家品牌形象对产品评价的影响关系中存在显著的正向调节作用，且这种调节作用在消费者产品熟悉度低时更为显著。

根据本书的研究内容，本书研究的创新点主要体现在以下三个方面。①从理论方面构建了国际化视角下公司品牌形象和国家品牌形象对产品评价影响的理论框架。目前涉及品牌形象的研究，更侧重于对产品品牌形象进行研究。然而，在国际市场上，越来越多的消费者在产品评价过程中开始更多地关注产品背后来源企业和国家的整体形象。本书基于中国的跨国公司，将公司品牌形象和国家品牌形象纳入一个研究模型进行研究，更符合国际市场上的实际消费环境。本书所构建的品牌形象分析框架，扩展了品牌的研究领域，也推动了品牌相关理论的发展。②探讨了公司品牌形象和国家品牌形象对产品评价的作用条件。以往学者在涉及品牌形象的研究时，更多的是研究公司品牌形象或国家品牌形象对产品评价的直接影响效应，对它们的作用条件的研究较少涉及。本研究在已有研究的基础上，将全球消费文化融入度和产品涉入度两个变量作为调节变量进行分析，并重点探究了在消费者产品熟悉度不同的条件下，上述两个变量调节效应的异同。实证结果也显示，这几个情景变量在公司品牌形象和国家品牌形象对产品评价的影响过程中具有重要作用，且变量的调节情况会随着消费者来源国的经济发展水平的高低而不同。③分析了不同文化背景下的消费者对中国跨国公司产品的评价过程。以往学者在对品牌形象进行研究时，所涉及的国家多为欧美等发达国家，较少关注发展中国家，尤其是缺乏对以中国为代表的新兴国家的深入研究。然而，发展中国家的市场环境与发达国家的市场环境存在很多差异，如果将前人在成熟市场上的研究方法一成不变照搬到新兴市场，将使研究结论产生一定程度的偏差。本书基于中国的跨国公司，研究了公司品牌形象和国家品牌形象对产品评价的影响过程，研究切入点与已有的研究切入点不同，且这种跨文化和跨国度的比较研究对于检验某些假设、结论是否具有超越国界、文化的普适性具有重要的理论意义，会得出更科学和更具有针对性的政策建议。

目　　录

第1章 导　论

本章是全书提纲挈领的章节。首先，介绍本书的研究背景，阐述本书的研究意义，明确界定在本书后续实证研究中核心变量的定义和范畴；其次，明确本书的研究内容、研究框架和本书的研究创新点；最后，对本书所用到的研究方法进行简单介绍。

1.1　研究背景

传统意义上，跨国公司一般来自美国、欧洲、日本等发达国家，但随着经济全球化和一体化发展速度的不断加快，越来越多的中国企业也逐步走出国门参与国际市场的竞争。据统计，2014年我国共有15家企业进入财富杂志所评选的"世界500强"中的前100强，总数逼近美国的32家，排名世界第二，远远高于排名第三的日本，入围财富排行榜的企业数量相当于日本和法国两个国家的总和。但是，中国企业的品牌现状不容乐观，根据国际品牌集团（Interbrand）公司每年发布的"全球最佳品牌100强"数据，在2014年之前，中国内地始终没有企业品牌能够入围，2014年，华为首次入围100强，而美国有54家企业入围，占比超过一半。可以看出，中国企业在品牌排行榜上的弱势表现与其在财富排行榜上的强势表现形成鲜明的对比，这在一定程度上说明了中国跨国经营公司"大而不强"，缺乏真正的国际知名品牌（见表1-1）。

表1-1　主要国家财富排名与品牌排名

国家	2014《财富》（Fortune）杂志500强中的前100强		2014 "Interbrand"全球最佳品牌100强	
	数量	占比	数量	占比
美国	32	32%	54	54%
中国	15	15%	1	1%
日本	7	7%	7	7%
法国	8	8%	6	6%
德国	9	9%	10	10%
英国	5	5%	5	5%

资料来源：Fortune杂志和Interbrand。

　　作为企业的一种持续竞争优势，近年来，公司品牌在理论界和实务界日益受到越来越多的关注。由于技术的进步和生产工艺的日益规范化，产品的同质化问题越来越严重，消费方式由"品质中心"日益转向"品位中心"。面对这样的购物环境，消费者在产品评价过程中，不再单单地关注价格、质量等产品的自身属性，开始更多地关注产品背后来源企业的整体实力，愿意为具有强势公司品牌企业的产品支付更高的价格，如美国"苹果（Apple）公司"的产品，很多消费者在选购苹果公司的产品时更看重的是苹果公司整体的品牌形象，他们甚至在不了解该公司提供的一系列产品如"iPhone""iPod""iPad"和"Mad"等的真实属性的情况下，就对该公司提供的产品产生很高的购买意愿，苹果公司产品昂贵的市场价格并没有影响消费者的购买热情，这在一定程度上说明强势公司品牌形象的重要性。另外一种典型的营销现象是，消费者对于源于不同国别公司所提供产品或服务的态度差异很大。尽管面对有些全球知名品牌，某些消费者的购买意向也非常低，这些全球知名品牌根本无法进入他们的"考虑集"；还有一部分消费者则被冠以"崇洋消费"，他们甚至完全不了解产品的真实情况，而仅在"外国货"的标签下，就会产生较高的购买意愿。消费者的这种行为，进一步折射出产品选择的复杂性。因此，有必要从国家品牌形象及消费者自身的消费理念两个方面进行深入分析。

首先，从国家层面来讲，Phau & Prendergast（2000）研究认为，随着生产加工技术的日益规范化，来自不同国家或地区的产品，差异越来越小，消费者在产品评价过程中对"原产地"或"制造地"的依赖明显降低，但消费者心中对某个特定国家的整体感知很难改变，其仍是影响消费者对来自该国的产品的评价的一个重要外部线索。随着"走出去"战略的实施，中国企业的海外投资规模呈持续增长趋势，很多中国企业不惜花费大量的人力、物力和财力并购国外知名品牌，然而近年来中国企业海外扩张失败率高达70%，海外扩张高失败率的一个很重要的原因是中国国家品牌的背书效应。在海外扩张过程中，某些"质低价廉"等品牌形象严重影响了中国企业及品牌，对消费者的整体感知产生了不良影响。其次，从消费者自身的消费理念来讲，面对日益全球化的市场，消费者可能会呈现出不同的反应，Faderman（1999）将此形象地表示为，"有些人致力于生产、使用更好的雷克萨斯（Lexus）汽车，而有人则竭力保护自己家门口的橄榄树"，其中，"雷克萨斯汽车"和"橄榄树"分别代表着消费者对来自国外产品的接受程度或抵制程度，也代表着消费者全球消费文化融入程度的高低。因此，在研究国际化视角下公司品牌形象和国家品牌形象对消费者产品评价的影响过程中，消费者自身的全球消费文化融入程度的高低可能是一个重要情景变量。

此外，我们在研究公司品牌形象效应和国家品牌形象效应的过程中，还不应当忽略另外两个重要的消费者心理特征因素，即产品涉入度和产品熟悉度。首先，是产品涉入度，产品涉入度反映了消费者搜索产品信息的努力程度，在不同涉入度情景下消费者的消费行为会存在显著的差异。产品涉入度高的消费者，其产品评价过程更为复杂，受到外界的影响效应较小；而产品涉入度低的消费者，其产品评价过程相对简单，更容易受到外界因素的影响。其次，是产品熟悉度，消费者对某种特定产品的熟悉程度能够从整体上影响消费者对该产品的认知过程和认知步骤，他们在评价同一产品时会参照不同的信息和标准。因此，由于消费者自身因素的影响，在产品评价过程中，公司品牌形象影响效应和国家品牌形象影响效应可能会存在不同的情况。

由此可见，通过塑造良好的公司品牌形象和国家品牌形象，对消费者的产品评价产生正面积极的影响，进而为本国产品获得更大的市场份额，显得尤为重要。然而，目前国内外学者在进行涉及品牌形象的研究时，一般是针对产品品牌形象进行研究的，对公司品牌形象的正面研究较少，将公司品牌形象和国家品牌形象纳入一个研究框架进行系统研究并重点探究它们的作用机制和边界条件的研究更为有限；此外，学者在研究国际市场上的消费行为时，所涉及的企业和国家多为欧美等地的发达国家，较少关注发展中国家，尤其是以中国为代表的新兴发展中国家。然而，发展中国家的市场环境与欧美等地的发达国家的市场环境存在很多差异，如果将前人在成熟市场上的研究结论和研究方法一成不变照搬到新兴市场，难免会对研究结论的普适性产生质疑。那么，在针对中国的跨国公司进行研究时，原有的消费者产品评价理论是否依然适用？跨国公司应采取何种品牌策略？当公司品牌形象的研究和国家品牌形象的研究置于同一个研究框架下时，消费者的产品评价过程是否存在一定的作用条件？相对于国家品牌形象，公司品牌形象对消费者的产品评价来说是否更为重要？这些都是亟待解决的问题，也是本书研究与分析的逻辑出发点。鉴于此，本书基于中国的跨国公司，探讨了国际化视角下公司品牌形象和国家品牌形象对消费者产品评价的作用过程，还纳入了全球消费文化、产品熟悉度和产品涉入度三个与消费者产品评价密切相关的重要情景变量，以考察它们在上述影响关系中的调节作用，以期能对国际化环境中消费者选择理论作做一步推进，并对中国跨国公司在跨国经营过程中更加精确地制定品牌营销策略提供有价值的参考。

1.2 研究意义

1.2.1 理论意义

近年来，学术界对品牌形象的相关问题进行了深入的研究，也取得了丰富的研究成果。但回顾以往的研究发现：首先，大多数学者是将公司品牌形象和国家品牌形象进行割裂研究的。本书在已有研究的基础上，结合实际消费环境，将公司品牌形象和国家品牌形象纳入一个研究框架进行研究，并重点分析它们的作用边界和作用条件，本研究能够为营销理论提供新的思考和机会。其次，有的学者的研究所涉及的公司一般来自欧美等发达国家，本书针对中国的跨国公司，深入探讨了公司品牌形象和国家品牌形象对产品评价的影响过程，本书所得出的经验结论能够对品牌研究视角的多样化进行丰富。最后，根据研究目的，本书的被调研者是生活在中国的国外消费者，样本来源国较为多样化，由于各国的经济发展水平、政治文化环境等方面有很大的差异，因此这种跨文化和跨国度的比较研究能够进一步丰富与品牌相关的研究结论。

1.2.2 现实意义

本研究虽然以理论研究为基础，但研究结论同样具有重要的实践意义。本书的实用价值具体体现在以下三个方面。

（1）对跨国公司如何创建强势的公司品牌形象具有重要的指导意义。品牌的创建是一项长期又复杂的工程，强势公司品牌形象的塑造更是如此，积极良好的公司品牌形象有利于降低营销成本和顾客感知风险，是获得消费者认同和赢得国际市场的一个重要基础。然而，如果企业不了解公司品牌形象对消费者产品评价的作用边界条件，那么企业的行为就难以摆脱盲目性。本书着重分析了公司品牌形象和国家品牌形象对产品评价的作用边界条件，本书的研究，对跨国公司国际化经营过程中公司品牌形象的创建和塑造可能具有更加精确的指导意义和参考价值。

（2）本书是基于中国的跨国公司进行研究的，重点分析了来自不同国家和地区的消费者对中国产品的选择和评价过程。本书的研究，能够对中国跨国公司实施品牌营销策略提供有价值的参考，也能够对中国跨国公司如何赢得国际市场得出更科学和更具有针对性的结论。同时，中国是最大的发展中国家，针对中国跨国公司所得出的经验结论能够为同样处于现代化进程中其他新兴国家的跨国公司提供有意义的借鉴。

（3）从国家策略层面来讲，本研究为政府从整体上提升中国的国家品牌形象提供理论支撑。与单纯传统的国内市场不同，国际市场上消费者的产品评价过程会在一定程度上受到产品来源国国家品牌形象"刻板效应"的影响，本书重点分析了国家品牌形象在消费者产品评价过程中的作用过程，再次验证了国家品牌形象的重要性。因此，从这个层面来讲，本研究对于政府部门花重金打造强势的整体国家品牌形象，力图为本国的企业和产品走出国门创造一个良好的外部宏观环境提供了实证支持。

1.3　概念界定

1.3.1　公司品牌形象

学者对公司品牌的认知先后经历了公司识别（corporate identity）、公司形象（corporate image）、公司联想（corporate association）、公司品牌（corporate brand）等概念。关于公司识别的概念，可以追溯到20世纪30年代的"公司识别系统"，公司识别的目的是使公司能够通过各类媒体向消费者传递公司形象，以便于消费者识别。随后，Maegulies（1977）的研究指出，公司识别是"企业选择让所有利益相关者识别自己的方式的总和"。公司形象的概念在20世纪50年代后期开始在营销文献中出现，是消费者对于某个企业印象的总和，主要源于消费者与企业的亲身接触和媒体传播，是消费者的一种心理倾向。关于公司联想，Brown & Dacin（1997）从整合的角度对其进行了定义，认为公司联想是"消费者对某一特定公司所有相关信息的认知，包括对公司的感知、评价及联想模式等"。King

（1991）首次提出产品品牌与基于服务的企业品牌之间的区别和联系，并提出了创建企业品牌的方法。从那以后，公司品牌的概念开始在各种研究中广泛出现。Schultz et al.（2002）从公司资产的角度对公司品牌进行了论述，认为公司品牌是消费者、员工，以及其他企业等利益相关者对特定公司的言行、传播、产品或服务的不同反应。Knox & Bickerton（2003）从公司整体层面对公司品牌进行了定义，即一个组织的独特商业模式在公司整体视觉、言行和行为上的表达。Balmer & Grey（2003）将公司品牌定义为一个能以人力、投资前景、消费者购买偏好等要素吸引众多利益相关者选择该公司的产品或服务的"导航仪"。Aaker（2004）认为，公司品牌扮演着"背书者"的角色，它让消费者能够感受到来自产品背后强大的公司力量的支撑，同时他还指出，公司品牌是公司众多产品品牌最终的"品牌屋"。张黎明和胡豪（2011）将公司品牌定义为从整体上代表一个组织，并将其与不同组织区分开来的公司标识或信誉的象征。在已有研究的基础上，本研究将公司品牌形象定义为公司品牌对外的表现形式，是外部利益相关者对公司的整体感知，更侧重的是公司整体上的品牌表现。

1.3.2 国家品牌形象

国家品牌形象的概念是从市场营销理论的研究中演化而来的，它趋于多样化，具体的研究主要经历了一个由产品的原产国形象（country of origin image）到国家形象（country image）再到国家品牌（country brand）的过程。Roth & Romeo（1992）认为，原产国形象是消费者心中业已形成的关于某国的"刻板印象"或图式，它作为一种重要的产品信息和质量线索，与品牌名称、价格等因素共同构成消费者产品评价的整体线索。Hsieh（2004）认为，国家形象可以从三个层面来说明，即整体国家形象、总产品的国家形象及特定产品的国家形象，其中，整体国家形象是某个特定国家给消费者的整体印象，总产品的国家形象是消费者对某个特定国家全部产品的整体感知，特定产品的国家形象是消费者对某个国家特定产品的认知情况。Anholt（2002）通过研究原产国效应指出，国家品牌就像产品品牌和公司品牌一样，能够唤起消费者心中某些价值、质量和情感因素，并首次提出了国家品牌六边形模型，认为国家品牌是由旅游、投资和移民、政府管理、出口、文化六个要素构成。Kotler & Gertner（2002）研究认为，国家能够品牌化且存在国家品牌资产，国家品牌是历史、地理、公告、艺术、音乐、著名人物和其他特征的综合体。借鉴以往学者主要针对原产国形象的研究和定义，结合本书研究的对象为"品牌"，本研究将国家品牌形象定义为消费者基于他们心中对某个特定国家的刻板印象、态度或感知，来评价和推断来自该国的产品的属性信息。

1.3.3　全球消费文化融入度

文化与消费和消费者密切相关，McCraken（1986）认为，文化含义能够通过广告和时尚两大系统从文化现象转移到消费品，并进而通过各种消费方式到达消费者。因此，消费的文化意义不仅仅限于早前提出的"地位"和"炫耀"。Arnould & Thompson（2005）进一步梳理了消费中社会文化、体验、象征和思想等元素，并专门提出了消费文化理论（consumer culture theory），指出消费文化的核心在于消费者通过消费进行身份的界定和导向。Ritzer（2007）认为全球化引起了全球消费文化。作为一个复杂和动态的结构，全球消费文化包含两个方面的内容：一方面，全球消费文化包含文化的相似性和差异性；另一方面，全球消费文化兼具国际化和本土化的内涵（Appadural，1990）。具体是指"与消费相关的符号、行为的集合，它通常为顾客和企业所理解，但不一定被所有消费者所共用"（Alden et al.，2003），即全球消费文化的内涵虽然在一定程度上能够被消费者所理解，但消费者依然会倾向于依赖本土化的解码系统进行解读、展现和使用（Melissa & Dana，2010；吴水龙等，2012）。从本质上来讲，国际市场上的消费者赋予某些产品或服务的消费以特定的意义，那么消费这些产品或服务就成为一种符号和代表。在已有研究的基础上，本书认为，全球消费文化融入度是指消费者融入全球消费文化的程度。全球消费文化融入度越高的消费者，表明越能够充分接纳、吸收全球文化，偏好全球流行的产品或品牌，追求在世界上流行的消费模式，对其他国家或地区的产品认同度高；消费者的全球消费文化融入度越低，意味着消费者的消费意识相对保守，在产品或品牌的选择上，更偏好本地的传统产品或品牌。

1.3.4 产品涉入度

"涉入度"（involvement）一词最早源于Sherif & Cantril（1947）所提出的"自我涉入"概念，认为涉入度是用于预测个体在社会角色、立场或处境的影响下对各个观点的态度。Krugman（1965）首次将涉入度这一概念引入市场营销领域的研究，随后学者对涉入度的关注和研究逐渐增多，形成较为成熟的概念系统。基于不同的视角，学术界关于涉入度的概念存在着多样化的阐释。有的学者从消费者自身的角度加以理解（Hupfer & Gardner, 1971；Mitchell, 1981；Bloch, 1982；Andrews, Durvasula & Akhter, 1990），有的学者（Vaughn, 1980）以产品因素为出发点，另一些学者（Krugman, 1965；Batra & Ray, 1983；Petty & Cacioppo, 1983）则从信息处理的角度加以解释和说明。虽然很多学者从不同的角度对涉入度进行了定义，但是也在某种程度上达成一些共识，大多数学者认为涉入度是由外界刺激引起的，整个过程是一个消费者自身内在信息处理的心理过程，最终表现是这些信息与消费者自身内在需求的紧密联系程度，继而产生消费者对产品、服务、品牌等的感知态度及购买意愿。在已有研究的基础上，本书将产品涉入度定义为消费者基于自身的需求、利益和价值观对某种产品的认知和内在需要程度。

1.3.5 产品熟悉度

产品熟悉度是"判断消费者产品知识的一个维度，反映了消费者积累的与某种产品相关的知识经验水平"（Lafferty, 2009；Alba & Hutchinson, 1987；楼尊，2010等）。对于产品熟悉度不同的消费者而言，他们在评价同样一个产品或服务时会参照不同的信息和评价标准。Park & Stoel（2005）研究认为，当人们面对全新事物时，他们会缺乏相应的知识和经验去识别和判断，此时其判断过程容易受到第三方信息的左右；反之，当人们需要对相对熟悉的事物进行判断时，过往的知识和经验有助于外部信息的筛选和甄别，进而得到最有效的判断结果，此时第三方信息对其判断过程的影响力就会明显下降，甚至消失。Punj & Srinivasan（1989）的研究也发现，当消费者进行产品评价时，产品熟悉度高的消费者更能够有效利用产品自身释放的各种属性信息去评价产品的风险和价值，而产品熟悉度低的消费者，其产品评价过程更倾向于依赖明显公开的产品外部信息。此外，根据消费者购买过程理论，消费者在评价产品时，首先需要评估产品自身的各种属性和功能，这一评估过程会直接受到消费者产品知识水平和经验积累程度的影响（Alba & Hutchinson，1987）。因此，在已有研究的基础上，本书将产品熟悉度定义为消费者关于某一特定产品自我经验的感知，即对某一特定产品的了解和认知程度，并按照被调研者是否购买或经常使用所评价的产品，划分为高产品熟悉度需求组和低产品熟悉度需求组。

1.3.6 产品评价

产品评价体现了消费者与产品之间的关系，反映了消费者对某个特定产品或服务的总体性认知（Aaker & Keller，1990；张珣，2013；Ahluwalia & Curhan-Canli，2000；Berens et al.，2005）。在产品评价的衡量方面，有学者基于不同的研究视角提出了多种产品评价的维度划分方法，如Petroshius & Monroe（1987）研究认为，产品评价是消费者对某个特定产品的内在感知，主要从产品的感知质量、感知价值和购买意愿三个方面进行反映。Berens et al.（2005）研究认为，产品评价是消费者对来自某个公司产品的整体评价，主要从购买意愿、产品质量、产品吸引力和产品可靠性四个方面反映，这种产品评价的衡量方法也得到了国内外学者在研究过程中的广泛应用，如国内学者吴水龙（2009）、卢泰宏（2009）等。借鉴以往学者的研究和定义，本书将产品评价定义为消费者对某个具体公司所推出的产品或服务的综合性态度和消费行为，具体包括对该公司所推出产品的质量、吸引力、可靠性和购买意愿四个方面的评价。

1.4 研究内容及框架

1.4.1 研究内容

本书基于品牌相关理论，针对中国的跨国公司，探讨国际化视角下公司品牌形象和国家品牌形象对消费者产品评价的影响过程，重点分析全球消费文化融入度和产品涉入度两个变量在上述影响过程中的调节作用，并着重探究在产品熟悉度不同的条件下，上述两个变量调节效应的异同。之所以选择上述几个变量主要基于以下原因。首先，产品涉入度、全球消费文化融入度和产品熟悉度这三个重要的情景变量在社会心理学、广告学等领域，甚至在产品品牌的相关研究中，对个体的决策过程具有重要作用。然而，在针对公司品牌形象或国家品牌形象对产品评价的影响的研究过程中，少有将这些因素整体考虑进去的，在这一过程中产品涉入度、全球消费文化融入度和产品熟悉度是否影响以及如何影响消费者的产品评价不得而知。因此，对上述变量的潜在影响及作用机制进行检验，具有重要的理论意义和现实意义。其次，本书主要的研究目的是检验产品涉入度、全球消费文化融入度和产品熟悉度三个情景变量对消费者产品评价的影响过程。但是，本书认为上述三个变量并非以简单的直接作用方式来影响消费者的产品评价过程，而是以交互作用的形式形成复杂的作用机制，即本书预期产品涉入度、全球消费文化融入度和产品熟悉度三个变量对消费者的产品评价过程的影响是与公司品牌形象和国家品牌形象这两个变量交互发挥作用的，以期进一步检验在相关情景下公司品牌形象和国家品牌形象对消费者产品评价过程的影响程度和作用机制，进而更为全面地理解在外部前景变量的作用下，公司品牌形象和国家品牌形象对产品评价的影响过程。基于上述基本研究思路，本书的研究内容主要分为6章，具体每章的安排如下。

第1章导论，本章包括六个小节。第一节提出本书的研究背景；第二节提出本书研究的理论意义、实践意义；第三节对公司品牌形象、国家品牌形象、产品涉入度、全球消费文化融入度和产品熟悉度等核心概念进行界定；第四节对本书的研究内容及框架进行了阐述；最后，对本书的研究创新点和研究方法进行简单介绍。

第2章文献综述。本章主要从品牌、品牌层级、公司品牌形象、国家品牌形象、产品涉入度、全球消费文化融入度、产品熟悉度等几个方面对相关文献进行梳理和分析，在文献回顾的基础上，提出本书的研究机会和切入点，为后续章节中研究模型的构建及相关假设的提出奠定理论基础。

第3章理论模型和研究假设。在第2章文献综述的基础上，本章分别对本书所涉的相关基础理论、方法及研究框架进行理论分析，内容主要包括基本理论分析、明确研究思路、正式提出本书的研究假设，并对本书的研究变量进行了定义。

第4章研究设计。本章在第2章和第3章明确研究范围和研究框架之后，根据研究需要确定本书的研究对象、设计调研问卷并进行问卷预调研，同时，对本书要采用的数据分析方法，包括信度检验、效度检验、假设模型的验证方法等进行简要介绍。

第5章数据分析。根据本书的研究需要，本章对所收集的样本数据进行深入分析。在对问卷进行信度检验、效度检验和基本数据描述性分析的基础上，将所收集的全部调研问卷按被调研者来源国的经济发展水平状况划分为"发达国家样本组""中等发达国家样本组"和"欠发达国家样本组"三部分进行对比分析和研究，并通过层级回归模型等数据分析方法对本书所构建的理论模型和研究假设进行检验，并在最后对未被验证的假设进行分析和讨论。

第6章结论与建议。本章是对全书的研究结论进行总结和概括，并结合本书的研究结论从企业和政府两个层面提出相应的政策建议。在此基础上，提出本书的研究局限性，并指出未来的研究方向。

1.4.2 论文框架

本书的具体结构框架见图1-1。

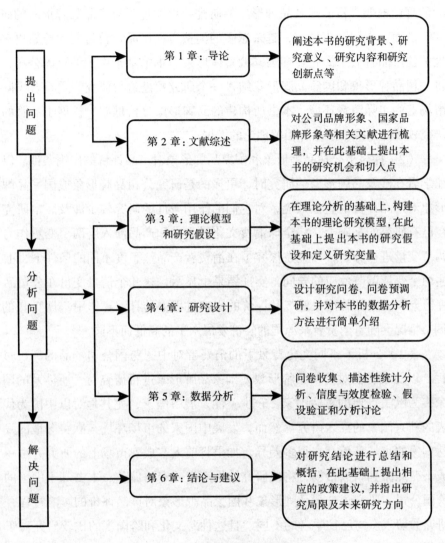

图1-1　本书的结构框架图

1.5　研究创新点

根据本书的研究内容，本书的创新点主要体现在以下三个方面。

（1）构建了国际化视角下公司品牌形象和国家品牌形象对产品评价影

响的理论框架。目前涉及品牌形象的研究，更侧重于对产品品牌形象的研究。然而，在国际市场上，越来越多的消费者在产品评价过程中开始更多地关注产品背后来源企业和国家的整体形象。本书基于中国的跨国公司，将公司品牌形象和国家品牌形象纳入一个研究模型进行研究，更符合国际市场上的实际消费环境。本书所构建的品牌形象分析框架，扩展了品牌的研究领域，也推动了品牌相关理论的发展。

（2）探讨了公司品牌形象和国家品牌形象对产品评价的作用条件。以往学者在涉及品牌形象的研究时，更多的是研究公司品牌形象或国家品牌形象对产品评价的直接效应，对它们的作用条件的研究较少涉及。本研究在已有研究的基础上，将全球消费文化融入度和产品涉入度两个变量作为调节变量进行分析，并重点探究了在消费者产品熟悉度不同的条件下，上述两个变量调节效应的异同。实证结果也显示，这几个情景变量在公司品牌形象和国家品牌形象对产品评价的影响过程中具有重要作用，且变量的调节情况会随着消费者来源国的经济发展水平的高低而不同。

（3）分析了不同文化背景下的消费者对中国跨国公司产品的评价过程。以往学者在对公司品牌形象或国家品牌形象进行研究时，所涉及的国家多为欧美等地的发达国家，较少关注发展中国家，尤其是对以中国为代表的新兴国家的深入研究。然而，发展中国家的市场环境与欧美等地的发达国家的市场环境存在很多差异，如果将前人在成熟市场上的研究方法一成不变照搬到新兴市场，将使研究结果产生一定的偏差。本书基于中国的跨国公司，研究了公司品牌形象和国家品牌形象对产品评价的影响过程，研究的切入点与已往学者的不同，且这种跨文化和跨国度的比较研究对于了解不同文化背景下的消费者在对中国产品评价问题上的共同点与不同点，以及对于检验某些假设、结论是否具有超越国界、文化的普适性具有重要的理论意义，会得出更具有科学性和针对性的政策建议。

1.6 研究方法

本书秉承规范研究与实证研究相结合、定性研究与定量研究相结合的原则，通过检索和分析公司品牌形象、国家品牌形象、全球消费文化、产品熟悉度、产品涉入度等与研究主题相关的核心文献，并以刺激-反应理论、线索理论等理论为基础，采用多种方法对本研究的核心问题进行分析与探讨。研究过程所涉及的研究方法包括文献研究法、问卷调查法及层级回归分析等多种定性与定量的研究手段，并运用了SPSS19.0和STATA13.0等相关统计分析软件对本书的数据进行了处理，具体如下。

（1）通过文献研究的方法对涉及公司品牌形象、国家品牌形象、全球消费文化、产品熟悉度、产品涉入度等相关文献进行了回顾和梳理。在借鉴已有学者在相关理论方面的研究成果和研究方法的基础上形成本书的主要研究思路、理论研究模型并提出本书的研究假设。

（2）在文献回顾和分析的基础上，运用统计调查法中的问卷调查法对本书所需的研究数据进行收集。具体包括在变量定义的基础上进行问卷设计，研究对象的确定、问卷的发放与回收，获得一手数据，并运用了SPSS19.0和STATA13.0等相关统计分析软件对数据进行处理，为本研究提供数据支持。

（3）为了进一步检验本研究中各个研究变量之间的关系，本研究采用层级回归分析模型并利用STATA13.0等统计分析软件对研究数据进行了详细分析。之所以采用层级回归分析模型，是因为作为一种综合的数据分析工具，层级回归分析方法对涉及多个调节变量之间交互的研究具有特别的优势，能够有效解释涉及多个调节变量的交互关系。

第2章 文献综述

本章对公司品牌形象和国家品牌形象的相关文献进行回顾和梳理。首先，介绍品牌、品牌层级和公司品牌形象的相关概念和维度，公司品牌与产品品牌之间的区别和联系，以及公司品牌形象与产品评价之间的关系。其次，阐述国家品牌形象的概念演进以及国家品牌形象的维度和测量，国家品牌形象的作用机制以及国家品牌形象与产品评价之间的关系。随后，回顾了涉入度、全球消费文化融入度和产品熟悉度的相关文献，分析研究了在不同产品涉入度、全球消费文化融入度和产品熟悉度情景下消费者的消费行为差异。最后，在文献回顾分析的基础上，提出了本书的研究机会和切入点。本章是后续章节开展理论探讨和构建研究模型的基础。

2.1 品牌及品牌层级

2.1.1 品牌

在品牌理论研究和发展的近60年历程中，学者们最初定义和规范的品牌概念在本质上指的就是本书所指的"产品品牌"。由于本书研究的侧重点是公司品牌形象和国家品牌形象的相关问题，因此本书在文献回顾这一部分对于产品品牌的概念内涵不会过多地着墨，而是重点评析产品品牌与公司品牌的关联和区别，进而为实证研究中概念的具体操作进行铺垫。因此，本书仅对产品品牌的概念做一些简单交代和说明。

品牌一词最早源于古挪威文字"brandr"，原意为烙印，用于各个部落之间区分、识别属于各自的牲畜（Keller, 1998）。大规模工业生产出现后，品牌成为产品生产企业寻求差异化、质量保证、法律保护与传播的载体，从那时起，学者们也开始对品牌进行研究。D.Ogilvy（1950）在其研究的文章中，首次使用了品牌的概念，随后Gardner & Ievy（1955）在发表的品牌专业论文《产品与品牌》中，进一步提出了情感性品牌和品牌个性的思想，Light & King（1960）对品牌的内涵与外延进行了规范性研究。后来，不同的机构和学者为品牌赋予了不同的含义，其中1960年美国市场营销协会（American Marketing Association，简称AMA）对"品牌"的定义被广泛接受，即品牌是指一个名词、词语、标志、象征以及设计，或是上述各项的组合，以借此辨识出针对一个或一群消费者的产品或服务，并且与竞争者的产品或服务相区别。虽然学者对品牌定义略有不同，但学者普遍认可品牌是可以为产品或服务带来差异化优势和附加价值的名称、符号、标志、设计或其组合的运用（Farquhar，1990；Doyle，1990），是在消费者心中的一个专有名词（Al Ries & Raura Ries，1998），代表着产品、企业组织或某个特定个人（Aaker，1996；McCarthy & Perreault，1999）。企业通过品牌可使自身的产品与服务和竞争者的产品与服务相区分（Aaker，1991）。同时，品牌也向消费者传达着一种一致性的质量承诺（Chernatory & Mcwilliam，1989），或者传达属性、利益、价值、文化、个性及使用者等不同层次的意义（Kotler，2000）。此外，品牌还包括了完整的消费者经验以及与传达此类经验有关的资产（Leventhal，1996）。对于产品与品牌的差异，Stephen King（WPP Group）总结到，产品是工厂生产出来的东西，可以被竞争者复制，也会迅速落伍，而品牌是顾客所购买的东西，是独特的，同时成功的品牌也是永久的。

总体来讲，尽管已有学者深入探究和追寻了品牌和品牌化的历史渊源、梳理了品牌的发展阶段（Keller，1993；Georges & Ronald，1994），但最后都认同了美国市场营销协会关于品牌的定义，该定义在后来的许多主流核心文献中一直被广泛接受和应用。因此，本书对产品品牌的界定也采用该定义。

2.1.2 品牌层级

品牌层级（brand hierarchy）也称品牌序列，一般是指在公司总品牌之下的产品系列品牌。Kapferer（1992）从上到下将品牌划分为六个层级，分别为背书品牌、来源品牌、伞状品牌、范围品牌、线型品牌与产品品牌。LaForet & Saunders（1994）同样也将品牌划分为六个层级，分别为公司品牌、部门品牌、家族品牌、个别品牌、产品线品牌与叙述语。Aaker（2000）提出了品牌层级和品牌层级树（brand hierarchy tree）的概念，他认为可以从横向和纵向两个维度理解品牌层级。横向维度反映了品牌的范围，即该品牌涵盖的所有子品牌和背书品牌，例如美国苹果公司拥有"iphone""ipod""ipad""Mac"等子品牌；纵向维度体现进入单一产品市场所需要的品牌和子品牌的数量，例如"iphone"子品牌下拥有"iphone4""iphone5""iphone5S""iphone6""iphone6 plus""iphone6S"等多个版本。

Keller（2008）认为虽然定义品牌元素和品牌层级有许多种不同的方法，但一般认为品牌从顶端到底部的各个层级依次为公司品牌、家族/族系品牌、个体/产品品牌、品牌修饰符，从品牌层级树中可以清晰地看出公司品牌、家族/族系品牌与个体/产品品牌之间的关系。Keller（2008）还同时指出，品牌层级能够利用层级图法清晰地界定品牌之间的层次秩序，定义品牌与产品之间的关系，并通过展示公司产品中品牌元素的种类和数量，展现出品牌元素的次序，是描述公司品牌战略的有效工具。

对于营销管理实践，品牌层级研究具有重要的意义。首先，对品牌层级进行区分有助于企业清晰地进行品牌战略规划，并且进行有效的长期品牌管理；其次，对品牌层级进行区分有助于突出企业不同层级品牌之间的差异，使企业更能够将有限的资源有选择地集中投入到重要品牌上；最后，划分品牌层级也有助于开展不同层级品牌理论的研究。

表2-1 品牌层级及其阐释

品牌层级	阐释
公司品牌	公司品牌位于品牌层级的最高层级
家族/族系品牌	家族/族系品牌不必与公司自己的名称相同,而是一种用于多个品类的品牌
个体/产品品牌	个体/产品品牌仅限于某一个品类,但在同一品类中可用于几种不同的产品
品牌修饰符	品牌修饰符是一种标示某一具体产品款式、型号、版本或配置的方法

资料来源:根据Keller(2008)的研究整理。

2.2 公司品牌形象

2.2.1 公司品牌概念的演进

在20世纪90年代之前,大多数学者并未意识到公司品牌这个公司整体层面上的概念。后来。学者基于不同的视角(如消费者、员工、供应商、政府部门等)对公司的认知逐步系统和深入,先后经历了公司识别、公司形象、公司联想及后来的公司品牌等概念(吴水龙,2009;孙国辉和韩慧林,2015)。

(1)公司识别(corporate identity)。公司识别的概念早在20世纪30年代就开始出现,源于美国福特(Ford)、泰勒弗朗西斯集团(Taylor & Francis Group)和史都本玻璃(Steuben Glass)等公司所使用的"公司识别系统(corporate identity system)"。公司识别系统的主要目的是能够使公司通过各种类型的媒体向目标消费者传递公司的整体形象,以便于消费者的识别与认可。随后,Maegulies(1977)的研究指出,公司识别是"企业选择让所有利益相关者识别自己的方式总和"。后来,在Dacin & Brown(2002)的研究中,将公司识别与品牌联系到一起,认为公司识别"是企业通过一系列沟通手段和工具试图达到的品牌预期状态,是企业高层决策者和营销管理者期望达到的组织特征总和",Dacin & Brown(2002)对公司识别的定义是目前关于公司识别最具有代表性的一个概念。

（2）公司形象（corporate image）。有关公司形象的概念早在20世纪50年代后期就已经在相关营销文献中出现，学者从不同的角度对公司形象的概念进行了定义。如Easton（1966）将公司形象定义为，"消费者对于某个企业印象的总和，这些总体印象的形成不但来自消费者在与企业的亲身接触过程中所获得的知识和经验，还与大众媒体传播以及消费者自身的心理倾向等因素有关"。Brown（1998）在前人研究的基础上，总结了公司形象的核心内涵，认为"公司形象源于企业营销实践的需要，却最终存在于消费者个体的信念、感知和态度之中"。

（3）公司联想（corporate association）。关于公司联想的概念，Brown & Dacin（1997）从整合的角度对其进行了定义，他们认为公司联想主要是指"消费者对某一特定公司所有相关信息的认知，包括对公司的感知、评价及联想模式等"。在此基础上，Brown（1998）进一步将公司联想的含义进行深化，认为公司联想是一个"集成式"术语，其含义包括"公司形象""公司声誉""公司识别"等概念的全部内涵。也即是说，公司联想涵盖了人们对某个公司的信念、认知、评价等其他形式的有关公司信息的总体认知。

（4）公司品牌（corporate brand）。从消费者角度来讲，公司品牌用以描述顾客对公司的态度、情感和认知。Knox & Bickerton（2003）从公司整体层面对公司品牌进行了定义，认为公司品牌是一个有组织的独特商业模式在公司整体视角、言语和行为上的表达。Aaker（2004）从品牌整合的视角强调了公司品牌的地位，认为公司品牌是"一个最终的品牌化集合体"，公司品牌代表一个整体组织，扮演着"背书者"的角色，它让消费者能够感受来自产品背后强大的公司力量的支持，公司品牌是公司众多产品品牌最终的"品牌屋"。Keller（2008）认为，公司品牌是"彰显公司特质、表达公司个性的强有力工具"，这是企业内部产品本身无法传递给消费者的特定信息。

此外，公司品牌在品牌层级中占战略性和主导性的地位。Keller（2009）认为"公司形象是消费者对公司各个方面的联想"。可以看出，从消费者角度来讲，公司品牌在本质上表现为公司形象和公司联想。在已有研究的基础上，本研究将公司品牌形象定义为公司品牌对外的表现形式，是外部利益相关者对公司的整体感知，更侧重公司整体上的品牌表现。

2.2.2 公司品牌的测量与维度

1. 测量方法

目前，对公司品牌维度的测量主要有定量和定性两种方法。定量法主要采用量表开发的方式进行衡量，通过计算被调研者对公司品牌量表测项问题的评价分值，确定公司品牌的各个维度。相对于定量方法，定性法则采取了相对开放的方式，是由研究者根据被调研者对关于公司品牌主题的问题讨论来总结公司品牌的测量维度。两种测量方法利弊不同，可以根据实际情况进行选择。表2-2总结了定性法和定量法的相应优缺点。

表2-2 公司品牌维度测量方法比较

	定性法	定量法
形式	深度访谈、焦点小组、头脑风暴	量表形式，如利克特量表等
优点	不受结构化量表的限制，被试者能真实地描述自己对特定公司品牌的评价	成本较低，数据收集容易，便于对不同被试人群的测量结果进行量化和对比分析
缺点	成本较高（如时间、金钱及研究人员的精力等）	量表"诱导性"局限，测量方法的误差
采用该方法的研究	Suvatjis et al.（2005）利用访谈法构建了公司品牌的维度；Schoenfelder et al（2004）同样用深度访谈法开发了公司品牌的维度	Brown & Dacin（1997）、Barens et al.（2005）用定量法测度了公司品牌的维度；Fombrum et al.（2000）用定量法测量了公司品牌声誉系数

在实际研究中一般采用定性和定量两种方法相结合的方式进行，通常对公司品牌的测量先通过定性的方法进行量表开发，找出衡量公司品牌的主要测项，然后运用定量的方法对量表测项进行测评，通过数据信效度检验、相关分析、因果分析等对问项进行纯化，进而提炼出公司品牌的合理维度。

2. 公司品牌的维度

学术界关于公司品牌维度的研究讨论，先后出现了公司品牌的二维度论、三维度论、六维度论等。尽管后来的学者在上述维度划分的基础上进行了补充和修改（如Fombrun et al, 2000；Riel & Bruggen, 2005；Biehal & Sheinin, 2007等），但总体来讲都能被公司能力和公司社会责任两个稳定的结构维度所概括，即所谓的"又红又专"。

（1）二维度论。Brown & Dacin（1997）在研究公司品牌对消费者产品态度的影响过程中指出，公司品牌主要包括两个基本维度：公司能力（corporate ability）和公司社会责任（corporate social responsibility）。其中，公司能力主要是指公司的生产能力、制造能力和研发能力等专业技能，而公司社会责任主要是指公司在面对重大自然灾害或社会公益活动时所表现出来的责任感和积极性。公司能力和公司社会责任这两个维度得到了后来很多学者的认同和采用，如国内学者卢泰宏（2009）、吴水龙（2009）等在关于公司品牌的研究过程中也普遍采用了这两个维度。

（2）三维度论。学者关于公司品牌三维度论的探讨以Gurhan-Canli & Batra（2004）的研究为代表，他们认为公司品牌的维度主要包括三个方面，即"创新（innvovation）、诚信（trustworthiness）和社会责任（social responsibility）"。其中，创新维度是影响消费者产品评价过程的一个重要维度，在公司品牌的这三个维度中，只有创新维度能够影响消费者对公司一系列延伸品牌拟合度和质量的评价。诚信维度主要反映的是利益相关者（如政府部门、行业协会、消费者、合作者等）对公司的信任程度。对某个企业的诚信联想能够帮助企业赢得忠实的消费者、化解公司危机，在特定的条件下还能够得到监管部门和新闻媒体的理解和支持（Keller & Aaker, 1997；Keller, 2003）。公司社会责任维度和上文"二维度"论中的社会责任维度的含义类似，是公司整体品牌形象的一个组成部分，主要指公司在面对重大自然灾害或社会公益活动时所表现出来的责任感和积极性。

（3）六维度论。Brown（1998）在前人关于公司品牌相关概念及研究结论的基础上，定性地提出了公司品牌的六个维度，即"公司能力、与合作方互动的能力、与员工互动的能力、社会责任、营销因素和产品因素"。在此基础上，Brown（1998）也定性地构建了公司品牌的前因、维度及后果三者之间的关系模型，其前后之间逻辑关系见图2-1所示。

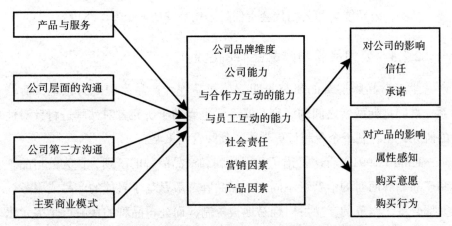

图2-1 公司品牌联想的前因变量、结果维度及后向结果

资料来源：Brown,Tom J.Corporate associations in marketing:Antecedents and consequences.1998。

事实上，Brown（1998）只是定性地提出了公司品牌的六个维度，并没有进行数据检验，对公司品牌的这六个维度如何影响产品评价以及是否存在一定的作用条件更是没有涉及。关于公司品牌维度的讨论，除上述三种维度划分方式外，后续的很多学者也对公司品牌的维度划分进行了更广泛和更深入的探讨，如Fombrun et al.（2000）还从公司声誉的角度对公司品牌的维度进行了划分。Fombrun等人认为，从公司声誉的角度来看，公司品牌的维度主要包括"情感吸引、产品与服务、愿景与领导力、财务绩效、社会责任和工作环境"六个维度。可以看出，这六个维度在本质上与上文Brown & Dacin（1997）提出的"二维度"论是一致的，其中愿景与领导力、财务绩效、产品与服务主要衡量的是公司能力维度，而工作环境和社会责任维度主要衡量的是公司社会责任。Wang et al.（2010）认为公司品牌形象的维度可以从四个方面来衡量，即公司实力、公司行业地位、公司的专业程度和公司的品牌吸引力。近年来，国内学者针对公司品牌的维度开发也进行了一些研究，如杨一翁和孙国辉（2013）从战略的角度开发了测量公司品牌的八个维度，即产品服务、公司能力、社会责任、社会声誉、公司历史、原产国、核心价值和愿景目标。总体来讲，在关于公司品牌的维度及其测量方面，尽管不同学者的研究结论不尽相同，但可以归纳出两点共识：首先，定性法和定量法的结合是公司品牌维度开发的主流趋势；其次，公司能力和公司社会责任是公司品牌的两个基本维度。

2.2.3　公司品牌与产品品牌的区别

学者对品牌层级的研究表明，公司品牌和产品品牌既有区别又有联系，准确把握两者之间的区别和联系，更有助于研究者对品牌进行针对性的研究，也有利于企业制订更具体的品牌营销策略。

King（1991）首次提出了公司品牌和产品品牌的区别，认为公司品牌和产品品牌面对的消费者不同，产品品牌一般是基于具体的产品或服务，大部分基于服务的产品可以轻易地被复制，而公司品牌的接触点是多元化的，两者的区别因素在于人而不在于事物。随后，Balmer（1995）在营销实践的基础上，系统提出了公司品牌和产品品牌之间存在的差异，他认为公司品牌与产品品牌主要存在三个方面的不同：首先，从品牌责任人来讲，产品品牌的管理责任人主要是品牌经理，而公司品牌的创建与管理主要由公司的首席执行官（Chief Executive Officer，简称CEO）负责；其次，从品牌影响力来看，产品品牌主要影响消费者，而公司品牌能潜在地影响各类利益相关者；最后，从品牌来源看，产品品牌主要源于具体的产品或服务，而公司品牌源于组织体系及各类利益相关者的沟通。Aaker（1996）研究认为，虽然有时公司品牌和产品品牌可以采用相同的名称，如可口可乐等，但是由于产品/服务和公司两者的载体不同，因此产品品牌和公司品牌存在显著差异，产品品牌的聚焦点主要是公司内部具体的产品或服务，而公司品牌代表一个组织，其聚焦点是整个组织及其特征。Hatch et al.（2001）从关注点、目标群体、责任部门、时间周期和重要性五个方面比较了公司品牌和产品品牌的区别和联系。

Balmer（2001）以公司识别为主线，梳理和分析了前人关于公司品牌多个关键概念的研究成果，包括公司品牌、公司传播、整个公司传播、公司识别、组织识别、视觉识别、公司形象、公司个性和公司收益，指出了这些概念之间的区别与联系，并提出了现有关于公司识别研究的15种不足之处（Balmer称之为"迷雾"），并进一步指明了"看透重重迷雾"的方法。Balmer（2003）从管理职责、职能部门、一般职责、学科基础、品牌时效、关注群体、价值和传播渠道等方面比较了公司品牌与产品品牌的异同。

Keller（2008）研究认为，产品品牌与公司品牌的主要区别在于公司品牌蕴含的品牌联想更广泛、更丰富。公司品牌资产和产品市场绩效受到公司品牌所激发的品牌联想的显著影响，而消费者对产品质量、利益及属性的感受主要受到产品品牌所激发的品牌联想的影响。在品牌个性（brand personality）方面，公司品牌与产品品牌也存在差异，公司品牌个性反映了公司的价值理念、愿景和行动，是各类利益相关者作为一个整体而具备的人格化特征，产品品牌个性则反映产品或服务的特征属性，与产品和服务的消费者形象有关。总体来讲，公司品牌是比产品品牌更为宏观的一个概念，两者之间的主要区别见表2-3所示。

表2-3 产品品牌与公司品牌的差异比较

类别	品牌聚焦点	品牌联想	品牌管理	品牌个性
产品品牌	产品和服务	产品质量、属性等	品牌经理负责	与消费者形象有关
公司品牌	公司整体	公司的能力、社会责任、公司愿景等	公司CEO的责任，属于公司战略的层面	反映公司的价值理念和整体愿景

2.2.4 公司品牌形象对产品评价的影响

学者对公司品牌形象对产品评价影响的研究大多遵循新实证主义和假设演绎的方式（Jacoby et al., 1998）。实证研究主要是通过实验设计和问卷发放的方式来探讨公司品牌形象对产品评价的作用过程中的主效应、调节效应和控制变量。关于公司品牌形象与消费者产品评价之间关系的研究在20世纪90年代开始丰富起来。一般来讲，有关公司品牌形象对产品评价影响的理论研究主要包括两个阶段：一是将消费者对公司的总体认知看作一个整体，即公司声誉（corporate reputation），研究公司声誉与产品属性之间的关系；二是将公司品牌的各个维度分开处理，分别研究公司品牌各个维度与消费者产品评价之间的影响关系。

1. 整体视角下公司品牌形象对消费者产品评价的影响

20世纪90年代早期，学者基于战略的视角认为公司品牌形象是企业的"声誉资产"，研究了公司声誉与产品属性之间的关系，普遍认为一方面公司声誉能给企业带来资产溢价，另一方面公司声誉能降低消费者的感知风险，进而影响消费者的产品评价（Goldberg & Hartwick，1990；Siomkos & Kurzbard，1994）。如Goldberg & Hartwick（1990）在研究广告的沟通效果时发现，当一个公司的整体声誉较好时，企业在广告中所传递的产品属性信息更容易得到消费者的信任。Siomkos & Kurzbard（1994）从危机管理的视角出发，研究了企业在出现产品缺陷危机情况下公司声誉的溢出效应。研究发现，当企业出现产品缺陷危机时，正面积极的公司声誉能够降低消费者的产品感知风险，且在这种情况下危机不会对消费者未来的产品购买决策过程产生太大影响，即良好的公司声誉能够降低产品属性危机所带来的不利影响。在此基础上，后续的很多文献逐步正面研究企业的整体形象与产品评价之间的关系，如范庆基（2011）以中国知名品牌海尔为测试对象，面向韩国消费者检验了企业的整体形象对消费者产品态度和购买意愿的影响，结果显示，一个公司的整体形象对消费者的产品评价产生显著的正向影响。张珣等（2011）从消费者感知的视角出发，研究了一个企业的整体形象与消费者感知价值和购买意愿之间的关系，研究发现企业的整体品牌形象对消费者的感知价值和购买意愿会产生显著的影响作用。在整体视角下，专门研究公司品牌形象与产品评价之间关系的实证文献相对较少，杨一翁和孙国辉（2013）通过在线调研中国消费者对美、德、日、意、中几个国家运动品牌的产品评价，对公司品牌形象与产品评价之间的关系进行了研究，研究发现公司品牌形象对消费者的产品决策过程能够产生显著影响。同时还发现，相对于产品品牌形象和国家品牌形象，公司品牌形象对消费者产品态度的正向影响更为显著。可以看出，在整体视角下，公司品牌形象对消费者产品评价之间的正向影响关系已经得到了一些学者的认同和支持。

2. 公司品牌形象各个维度对消费者产品评价的影响

关注公司品牌形象的不同维度与消费者产品评价之间的关系，是品牌研究领域的另外一个突破。在此之前，学者大多从整体视角研究公司品牌形象（声誉）对产品评价的影响，且很多学者一致认同良好的公司品牌形象（声誉）对消费者的产品评价有显著正向的影响（如Blomback & Axelsson, 1986; Keller & Aaker, 1992和1993; Goldberg & Hartwick, 1990等），但是Brown & Dacin（1997）首次采用实证的方法系统研究了公司品牌的两个结构维度（公司能力和公司社会责任），并分别检验了公司品牌这两个维度与消费者产品评价之间的关系。公司能力维度和公司社会责任维度两者之间虽然没有直接的联系，但是这两个维度均会对产品评价产生影响。其中，公司能力维度不但影响消费者对公司产品的具体感知，还能影响消费者对产品来源公司的整体性评价；公司社会责任维度只是通过影响消费者对产品来源公司的整体性评价来影响产品评价。总体来讲，公司能力维度对产品评价的影响效应对产品评价的影响效应比公司社会责任维度对产品评价的影响效应更强一些，这一研究结论与Keller & Aaker（1994）、Winters（1988）等学者的研究结论相一致。Brown & Dacin（1997）的这个研究在品牌研究领域具有标志性的意义，后续学者的诸多相关研究（如Gurhan-Canli & Batra, 2004; Berens et al., 2005; Biehal & Sheinin, 2007等）都是在此研究的基础上进行的不同程度的拓展或深化。此外，Brown & Dacin（1997）的突破性研究不但首次系统地验证了公司品牌的各个维度对产品评价的影响，尤其重要的是，他们所得出的公司品牌不同维度对产品评价具有不同作用路径和影响效果的研究结论，为后续学者的很多研究提供了重要启示，使得学者逐步关注公司品牌各个维度的作用条件。从这个角度来讲，他们的研究具有承上启下的理论价值和学术贡献。

3. 公司品牌形象对产品评价的作用条件

关注公司品牌形象对产品评价的作用边界条件，是品牌研究领域另外的一个重要突破。Gurhan-Canli & Batra（2004）研究发现，公司品牌形象对消费者产品评价的影响存在一定的作用条件，消费者的感知风险在公司品牌形象的三个维度（创新性、可信度和公司社会责任）对产品评价的影响关系中存在显著的调节作用。当消费者对某个特定公司的感知风险提高时，消费者通常会采用多种应对措施以降低风险，如再仔细考虑其他替代性品牌或转向购买来自其他公司的产品等，此时公司品牌形象对产品评价的影响效应将明显降低。Berens et al.（2005）从公司品牌战略的视角，通过引入公司品牌显著度（corporate brand dominance）、消费者的产品涉入度（involvement）和匹配度（fit）三个变量作为调节变量，研究了公司品牌对产品评价影响过程中公司品牌显著度、消费者的产品涉入度和匹配度在公司品牌对产品评价影响关系中的调节作用。研究发现，在公司品牌显著度高的时候，产品涉入度和匹配度在公司品牌两个维度（公司能力和公司社会责任）对产品评价影响关系中存在显著的调节作用；在公司品牌显著度低的时候，产品涉入度和匹配度在公司品牌两个维度（公司能力和公司社会责任）对产品评价影响关系中的调节作用受到抑制。这说明，公司品牌对消费者产品评价的影响存在一定的条件，更有可能存在多个调节变量的交互影响，这为后续学者的研究提供了一个很好的分析思路，本书的研究过程也部分借鉴了他们的研究思路而构建了研究理论模型。

　　国内针对公司品牌与产品评价之间关系的代表性研究是卢泰宏和吴水龙（2009）所构建的理论模型（见图2-2所示）。吴水龙（2009）通过实验的方法将消费者产品评价的影响因素聚焦于公司品牌和产品品牌。他首先检验了公司品牌和产品品牌对消费者产品评价的影响关系，并进一步比较了公司品牌影响效应和产品品牌影响效应的大小。此外，该研究还重点分析了消费者的公司认同在公司品牌对产品评价影响关系中的调节作用。研究发现，在消费者产品评价的过程中，公司品牌和产品品牌对消费者的产品评价产生显著的正向影响，并且在其他条件相同的情况下，公司品牌对产品评价的影响效应要显著大于产品品牌对产品评价的影响效应，与此同时，顾客公司认同在公司品牌对产品评价的影响关系中存在显著的正向调节作用，也进一步证明了公司品牌对消费者产品评价的作用过程存在一定的作用条件。

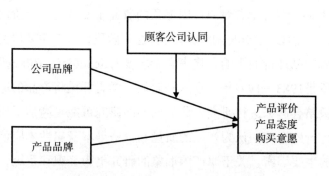

图2-2 公司品牌对产品评价的影响模型

资料来源：吴水龙.公司品牌对产品评价影响研究的新进展.2009。

2.3 国家品牌形象

2.3.1 国家品牌形象的概念演进

国家品牌（national brand）的概念是从市场营销理论的研究中演化而来的，它趋于多样化。其具体的研究主要经历了一个由产品的原产国形象/原产地形象（country of origin image）、区域品牌（regional brand）、国家形象（country image）到国家品牌的过程。

1. 原产国形象/原产地形象

原产国形象这一概念源于20世纪60年代。关于原产国形象的概念，目前还没有形成统一的结论。基于不同的研究视角，学者对这个概念进行了界定，Schooler（1965）首次对原产国形象问题进行了研究。随后，Bilkey & Nes（1982）研究指出，原产国形象是消费者在产品评价的基础上所形成的对某个特定国家的全面认知。Roth & Romeo（1992）研究认为，原产国形象是消费者对某个国家的生产及营销策略的感知。Darling（1981）将原产国形象定义为，消费者对某个特定国家的某种相关产品的想法和情感。Han（1988）从另外一个角度对原产国形象的概念进行了界定，他指出原产国形象是消费者基于对某个特定国家的整体印象而衍生出来的对来自该国产品的整体性认知。

　　总体来讲，西方学者对原产国形象的研究主要分为三个阶段（详见表2-4）。第一个阶段是1965—1982年，在这一阶段，学者主要研究原产国形象对消费者产品评价的影响，代表学者主要有Schooler、Bilkey和Nes等；第二个阶段是1983—1992年，在这一阶段，学者开始将产品的原产国形象和产品形象结合起来进行研究，认为前期的研究可能是高估了原产国形象对消费者评价的影响，认为产品的质量和价格等本身属性才应该是影响消费者评价的主要因素，关于原产国形象的研究更为客观和系统，代表学者主要有Johansson、Etteson等；第三个阶段是1993至今，在这一阶段，学者对原产国形象的效应和含义的理解更加全面，构建了一个更加系统的研究框架，并逐渐认识到原产国形象不但对有形的产品市场产生影响，对服务市场也应该有相应的影响作用，代表学者主要有Thakor、Kohli和Askegaard等。

表2-4　原产国形象研究架构的主要阶段

研究阶段	主要贡献	代表作者
1965—1982	较为单一地研究产品的原产国形象对消费者产品评价的影响，为后续的研究奠定了理论基础	Schooler, 1965; Nagashima,1970; Nagashima, 1977; Narayana, 1981; Bilkey & Nes, 1982; Huber & McCann, 1982.
1983—1992	将产品的原产国形象和产品形象结合起来进行研究，重新对原产国形象的作用进行了客观评估	Johansson et al., 1985; Han & Tepstra, 1988; Etteson, 1988; Han, 1989; Roth & Romeo, 1992; Hong & Wyer, 1989.
1993至今	对原产国形象的作用和含义的理解更加全面，构建了一个更加系统的研究框架，并逐渐认识到原产国形象不但对有形的产品市场产生影响，对服务市场也应该有相应的影响作用	Martin & Eroglu, 1993; Peterson & Jolibert, 1995; Thakor & Kohli, 1996; Askegaard & Ger, 1998; Javalgi.et al., 2001; Parameswaran & Pisharodi, 2002; Laroche et al., 2003; Zafar et al., 2004; Michael, 2006; Chung et al., 2011.

资料来源：笔者根据相关文献整理所得。

2. 区域品牌

1993年，Kotler et al.（1993）首次提出战略性地方营销（strategic place marketing）的概念，这一概念是指地方（国家或城市）在面对全球化竞争、技术创新和城市衰退的挑战时，也需要向企业一样去经营自己，这里的战略性地方营销主要还是为了发展旅游和促销商品。Keller（1998）进一步提出了"区域品牌化"的概念，他提出当一个区域像商品或者企业那样品牌化时，这个区域的名字就会使用这个品牌的名字作为代表。区域名称的品牌化使得人们意识到这个区域的存在，并且有相关的联想。Kotler（1999）也提出，区域可以像产品或服务那样品牌化。区域品牌化很多是与区域内的产业结合在一起的，也就是区域产业品牌化，区域产业品牌的主要表现是"区域地理名称+产业名称"，在这一过程中，区域行业品牌为企业背书，以提高外部消费者对该区域内产品和服务的信任度和接受度。

3. 国家形象

国家形象的概念和原产国形象的概念相似，但是国家形象更倾向于从整体视角反映产品背后的来源国形象。国际营销领域将国家形象定义为消费者对某个特定国家制造的产品的整体质量的感知（Bilkey & Nes，1982；Crawford & Garland，1987；Han，1989；Hong & Wyer，1989），从这一定义来看，国家形象和原产国形象两者的概念本质是一样的。Nagashima（1970）研究指出，国家形象是消费者对某一国家产品的评价和固有观念，并认为国家形象是通过整体产品质量、国家特征、经济水平和历史传统等因素形成的。Samiee（1994）认为国家形象是某个国家在消费者心中产生的"刻板效应"（County Stereotyping Effect，简称CSE），这种效应是由消费者以往的消费经验、对这个国家的了解程度等引起的。Hsieh（2004）对国家形象的研究更为系统，他认为国家形象可以从三个层面来说明，即整体国家形象、总产品的国家形象及特定产品的国家形象。其中，整体国家形象是某个特定国家给消费者的整体印象，总产品的国家形象是消费者对某个特定国家全部产品的整体感知，特定产品的国家形象是消费者对某个国家特定特类产品的认知情况。根据Hsieh的观点，本书把国家形象的相关文献也按这三个层面来总结，即国家整体层面、总体产品层面和特定产品层面，文献总结见表2-5所示。

表2-5 国家形象文献总结

类别	特征	代表文献
国家整体层面	抽象化、宏观层面上反映消费者对某个特定国家的总体感知	Schooler，1965；Nagashima，1970；Martin & Eroglu，1993；Michael，2006
总体产品层面	从整体产品的一般层面上反映消费者对某个特定国家的总体感知	Roth & Romeo，1992；Nagashima，1977；Han，1990；Narayana，1981；Agarwal & Sikri，1996
特定产品层面	从特定产品的具体层面上反映消费者对某个特定国家的总体感知	Bilkey & Nes，1982；Johansson et al.，1985；Peterson & Jolibert，1995

资料来源：笔者根据相关文献整理所得。

4. 国家品牌

国家品牌是一个综合化、多维度的概念，既包括消费者在产品评价的基础上所形成的对某个国家的整体认知，又包括消费者基于该国的经济水平、政治地位和文化环境等其他因素而形成的对该国的总体感知（Bannister & Saunders，1978；Ahn，2005；范庆基，2011）。Kotler & Gertner（1993）认为国家形象就是国家品牌，是一个人对某个国家的经历、领悟、回忆和印象的总和。Anholt（2002）在研究原产国效应的过程中提出，国家品牌就像产品品牌和公司品牌一样，能够在一定程度上唤起消费者心中某些价值、质量和情感因素，就像来自该国家的产品作用一样。同时，他还提出，国家品牌是指一个国家地理、历史、广告、艺术、音乐、任务及其他特征的综合体。一个国家的工业环境及媒体宣传对国际公众形成对特定国家品牌的感知具有十分关键的作用。

借鉴以往学者主要针对原产国形象的研究和定义，结合本书研究的对象——"品牌"，本研究将国家品牌形象定义为消费者基于他们心中对某个特定国家的刻板印象、态度或感知，来评价和推断来自该国的产品的属性信息。

2.3.2 国家品牌形象的维度和测量

1. 国家品牌的维度

关于国家品牌的维度问题，学术界有不同的观点，以往学者对国家品牌维度的研究是从国家形象开始的。Boulding（1959）从哲学和心理学两个视角对国家形象的维度进行了早期探索和研究。他认为，国家形象应该从地理空间维度、国家的"敌意"与"友好"、国家的"强大"和"赢弱"三个维度来解释和衡量。在此基础上，Martin & Eroglu（1993）利用14个问题测项的国家形象测量量表，从政治、经济和技术三个维度测量了国家形象。Kotler & Gertner（2002）认为，国家品牌是地理、历史、公告、艺术、音乐、著名人物和其他特征的综合体，国家品牌的维度应该全面概括这几个部分。

Anholt（2002）首次对国家品牌的维度进行了系统深入分析，他的观点得到了后续很多学者的认可。他认为，国家品牌是地理、历史、广告、艺术、音乐等的综合体，且国家的工业环境和媒体宣传对国际公众形成对某个特定国家品牌的感知起着关键作用，并进一步提出了"国家品牌六边形模型"，见图2-3所示。"国家品牌六边形模型"认为，国家品牌是由政府管理、文化历史遗产、旅游、国民、投资移民和出口产品六个要素构成，并通过这六个要素构建了国家品牌指数。

（1）政府管理要素。国家品牌的主要构建者是一国的政府（Papadopoulos，2004；Anholt，2002；Dinnie，2008；Gilboa，2012）。政府是国家品牌推广的中心，国家的政治领导人更换能够影响国家品牌，恰如企业CEO的更换能够影响企业品牌一样。"国家品牌六边形模型"中的政府管理要素主要是指，国际公众认为该国的政府是否公平公正地进行管理、是否尊重公民权以及是否平等地对待公民，该国公民是否相信该国政府能够做出有关国际和平和安全的活动等几个方面。Allen（2007）也认为一个积极的政府形象不仅能够推动一个国家的出口，吸引旅游、投资、移民，并且能够积极地影响一个国家在全球的整体国家品牌形象。

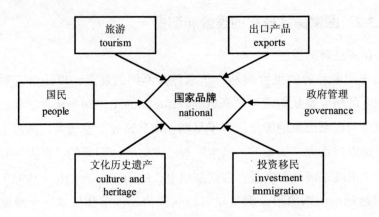

图2-3 国家品牌六边形模型

资料来源：Anholt，S. Forward to the special issue on place branding. 2002。

（2）文化历史遗产要素。在这个"国家品牌六边形模型"中，文化和历史遗产要素主要是指国际公众是否认为该国拥有丰富的文化遗产、是否愿意参加该国举办的文化活动、期待该国有哪些方面的文化行为等几个方面。Jaworski & Fosher（2003）也认为，每个国家都有自己独特的核心价值或基因，这个核心价值或基因就来自该国的文化和历史遗产，它是形成这个国家品牌的基础。Chattalas & Michael（2008）提出了从原产国形象到原产国效应的一个感知模型，认为消费者在对原产国形象感知的过程中，受到消费文化和一国历史传统的影响，进而影响消费者对原产国的认知和情感。

（3）旅游要素。在这个"国家品牌六边形模型"中，旅游要素并非是指国家宏观统计数据，如该国每年有多少旅游收入，而是指国际公众到该国旅游的意愿及旅游的感受。Anholt（2002）认为，国际公众旅游虽然只是仅仅看到了国家面貌的一小部分，但是在其心中形成对这个国家的整体印象。他认为，旅游可以看作是衡量国家品牌一个很好的维度。

（4）国民要素。Anholt（2002）指出，国民要素主要是指企业是否愿意雇佣该国公民为员工、该国国民是否热情好客、企业是否愿意与该国的国民成为亲密的朋友、企业对该国的国民怎样描述等几个方面。在Anholt（2002）的研究基础上，Laroche, et al.（2005）通过调查日本和瑞

典的产品在美国消费者心中的态度，研究了国家形象、消费者产品信念和
产品评价三者的关系，得出当国家形象的情感构面大于认知构面时，国家
形象对产品评价的影响大于对产品信念的影响。同时，他认为国家品牌
是由多维混合因素组成的，包括消费者对一国国民形象的情感感知。Ahn
（2005，2010）也明确指出，一国国民的形象也可以作为国家品牌的一个
重要维度。

（5）投资移民要素。Anholt（2002）所讲的投资移民是商务对商务
的国家品牌，并非是问外国人是否愿意加入该国国籍，而是指国际公众是
否愿意在该国工作和生活一段时间，该国是否适合求学、是否拥有高品质
的生活，企业是否愿意在该国家开设海外子公司、是否愿意在该国投资建
厂，以及国际公众对该国的经济状况和社会状况的描述，这些测项的得分
能描述一个国家在国际公众心中的整体品牌形象。

（6）出口产品要素。Anholt（2002）指出，一个国家出口的商品和服
务代表着国家品牌，并且能够形成国际公众对这一国家的认知，可以看作
衡量国家品牌的基础维度。出口产品要素主要是指，国际公众对该国出口
的商品或服务的感知、国际公众是否愿意选择该国的商品或服务等方面。
Mihailovich（2006）也认为一国如果要改变原有历史遗产的负面形象，就
需要重塑国家品牌的DNA，而这DNA的重塑往往从一个出口商品开始，比
如香水、红酒、衣服造就了法国在欧洲的时尚地位，可口可乐产品和企业
品牌的发展造就了美国。

综上所述，国家品牌维度主要包括旅游、出口产品、政府管理、投资
移民、文化历史遗产和国民六个维度。尽管在Anholt的研究基础上，后续
学者针对国家品牌的维度问题采取了不同的视角，但基本上能够被Anholt
的"国家品牌六边形模型"所解释。如Gudjonsson（2005）认为，国家品
牌主要由国民素质、经济水平、政治情况和地理环境四个方面来反映；
Fanning（2011）在研究爱尔兰国家品牌时，从四个方面进行了分析，即爱
尔兰旅游品牌、爱尔兰FDI品牌、爱尔兰美食品牌、爱尔兰文化品牌。

2. 国家品牌形象的测量

目前，学者对国家品牌形象的测量主要有定量和定性两种方法。定量

法主要采用量表开发的方式进行衡量，通过计算被试者对国家品牌形象量表测项问题的评价分值，确定国家品牌形象的维度。定性法则采取相对开放的方式，由研究者根据被调查者对关于国家品牌形象相关问题的答案或讨论来总结国家品牌形象的维度。当然，与前文中公司品牌形象的测量方法相类似，在实际研究中定量和定性两种方法可以结合使用，如李东进等（2008）采取两种方法结合的形式进行了国家品牌形象问题研究。一般来讲，对国家品牌形象的测量首先通过定性的方法进行量表开发，找出衡量国家品牌形象的主要测项，而后运用定量的方法对量表测项进行测评，进行数据信效度检验、相关分析、因果分析等对问项进行纯化，进而提炼出国家品牌形象的合理维度。因此，在国家品牌的测量方面，尽管以往不同的学者所采用的研究方法不尽相同，但定量和定性相结合的研究方法是国家品牌维度测量方法的主流趋势。

2.3.3　国家品牌形象对产品评价的影响

消费者如何评价来自国外的产品？这与产品来源国的国家品牌形象密不可分。国家品牌形象对产品评价的影响效应从产生机制来看，是情感和认知共同作用的结果，尤其是消费者的认知过程，这也是本书的研究侧重点。近年来，学者从认知角度对国家品牌形象或国家形象如何影响消费者产品评价的问题进行了理论探索，出现了信念-评价模型、晕轮效应模型、总体构念、缺省启发效应模型和产品属性效应模型等理论模型（王毅，2010）。

1. 信念-评价模型

Erickson et al.（1984）在研究过程中，将消费者的信念和态度作为因变量，将形象、产品真实水平、消费者的主客观熟悉度作为自变量，探究了形象在信念-态度关系中的影响（见图2-4）。研究发现，产品的非物理特征，如品牌名称、广告符号、产品来源国等形象变量会同时影响消费者的产品信念和产品评价，其消费者的产品信念和产品评价之间也相互影响。

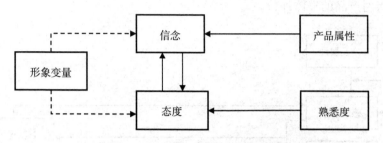

图2-4 形象影响下的信念-态度模型

资料来源：Erickson et al. Image variables in multi-attitude product evaluations: country-of-origin effects. 1984。

Jonansson et al.（1985）在前人研究的基础上，将研究聚焦于国家品牌形象，提出了基于国家品牌形象的消费者信念-态度影响模型（见图2-5）。研究指出，消费者的产品态度或产品评价是产品或品牌的线索函数。该模型在上述Erickson et al.（1984）提出的信念-评价模型基础上，还检验了人口统计变量对产品评价的直接影响，而且产品/品牌的熟悉度和产品使用经验的交互作用也被考虑进了整个评价模型。研究发现，消费者的产品评价会受到消费者产品知识和产品使用经验的影响，国家形象在产品/品牌熟悉度较低时的影响效应更为明显。此外，研究还发现，消费者对同一产品的评价好坏与消费者自身特征有关，如年龄、性别、收入等反映消费者自身特征的变量。

2. 晕轮效应模型

晕轮效应（hello-effect）是指国家品牌形象通过影响消费者对产品属性的信念继而影响对产品的整体评价。通常晕轮效应发生在消费者产品熟悉度低的情况，即对于消费者而言产品本身的属性信息较为欠缺，消费者缺乏相应的消费知识和经验，此时产品来源国的国家品牌形象会通过边缘路径对消费者的产品评价过程发挥作用（Johansson et al., 1985；Bloemer et al, 2009；Knight & Calantone, 2000；Heslop & Mourali, 2005）。Johansson et al.（1985）指出，晕轮效应包含两层含义：一层是消费者会通过产品来源国的国家品牌形象推断产品质量，二层消费者对产品属性的评价受国家品牌形象的影响。同时他们指出，消费者产品属性的信念受国家品牌形象的直接影响，并且国家品牌形象通过影响消费者产品属性的信念间接影响消费者对产品的整体评价。

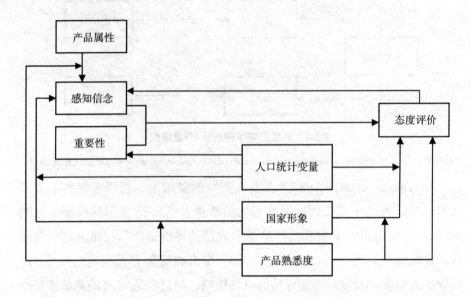

图2-5　国家形象对信念-评价关系的影响模型

资料来源：Johanssion et al. Accessing the impact of country of origin on product evaluations: a new methodological perspective.1985。

3. 总体构念效应模型

总体构念效应（summary construct-effect）模型又被称为概构模型，其作用机制是消费者已经具有了对该国各种产品和品牌信息的总体性认知，这种认知存于消费者的记忆系统中，当消费者需要对某一相关的产品或品牌进行评估时，消费者只需要从记忆中换回先前对各种品牌或产品所形成的整体评价即可，不再需要检验各种品牌产品的属性（Bloemer et al.，2009；Han，1989）。Han（1989）研究认为，由于相同来源国的品牌拥有非常相似的属性，消费者可以对这类品牌和产品信息做一般化处理，进而构建出特定化的国家信息，因此国家品牌形象和产品品牌形象一样也被看作一个概要结构。Han（1989）的研究还显示，当消费者对某一国家的产品不熟悉时会产生晕轮效应，而当消费者对某一国家的产品或品牌比较熟悉时，产品来源国的国家品牌形象可能会与总体构念模型更拟合。因此，总体来讲，概构模型包含两种含义：一种与晕轮效应的含义相反，即国家品牌形象的形成源于消费者对产品信息进行的抽象概括；另一种是国家品牌形象会直接影响消费者对来自该国的产品或品牌的评价，这种影响不需要经过属性信念的间接作用（Wright, 1975）。这一模型很好地解释了国家品牌形象的"刻板效应"假说，也形象地解释了现实中的一些现象，如我们在日常生活中会下意识地对来自不同国家的产品加以归类，如看到德国企业提供的产品想到"高精尖"、看到美国企业提供的产品想到"科技先进"、瑞士的手表也会使我们联想到"身份"和"地位"等日常现象。

4. 缺省启发效应模型

缺省启发效应（default heuristic-effect）模型是晕轮效应模型和总体构念效应模型的补充和完善。Mantrai et al.（1998）研究认为，缺省启发效应模型的作用机制是将产品的来源国方面的信息和其他产品属性信息综合起来进行分析，也可以被看作是多类信息的相互补充和相互协同作用的过程。他们认为：首先，消费者的产品评价是基于产品的来源国方面的信息和其他产品属性信息两个方面；其次，来源国方面的信息和其他产品属性信息之间又会相互影响。Bloemer et al.（2009）研究指出，缺省启发效应一般发生在产品来源国方面的信息价值和其他产品属性信息价值都处于中等水平的情况。假如每类信息单独作用于产品评价，则关于消费者的产品评价的这部分信息会通过边缘路径进行加工，影响相对有限；但是如果汇总起来，这些经过边缘路径加工的信息会同时影响消费者产品态度的形成。这类似于Papadopoulos & Heslop（1993）提出的光环-汇总效应模型，即产品的来源国方面的信息可以作为一个外部决策线索引导消费者的产品评价，与此同时，其他产品属性信息在经过整合加工后又可以对产品来源国的国家品牌形象进行调整和修正。

5. 产品属性效应模型

产品属性效应（product attribute-effect）模型与缺省启发效应模型两者之间既有共同点，又存在一定的差异。两者之间的共同点在于，消费者在产品态度形成的过程中既会关注产品来源国的国家品牌形象，又会关注其他产品属性信息；两者之间的区别在于，产品属性效应关注的情景是产品来源国方面的信息和其他产品属性信息非同时出现。缺省启发效应模型的作用条件是产品来源国方面的信息和其他产品属性信息相互作用，即在产品属性效应模型中存在着信息呈现的时间间隔问题。在消费者产品评价过程中，当产品的来源国方面的信息先于其他产品属性信息出现时，产品来源国方面的信息既会直接影响产品评价，也会影响消费者对产品其他信息的解释（Li & Wyer Jr, 1994; Hong & Wyer Jr, 1990; Hadjimarcou & Hu, 1999; Bloemer et al., 2009），但是由于时间间隔的存在，产品来源国方面的信息和其他产品属性信息是相互独立的。因此，当产品来源国的国家品牌形象在消费者心中根深蒂固而先于其他产品属性信息呈现时，国家品牌形象的影响效应是显著的，而当产品属性信息先于产品的来源国方面的信息呈现时，国家品牌形象效应则通过边缘路径发挥作用，对产品的总体评价影响是微弱的，而产品自身内在属性会通过中枢路径被加工，对产品评价起主要作用。

6. 国家品牌形象的作用条件

一般来讲，国家品牌形象对消费者产品评价产生影响是有条件的。国家品牌形象是消费者产品评价与产品选择的外部线索，消费者在内部线索（消费知识、消费经验）不足的情况下会更倾向于采用外部线索做判断，这样直接影响消费者对产品属性的信念，进而影响消费者的产品评价（Bilkey & Nes, 1982; Huber & McCann, 1982; Johansson et al. 1985; Han & Tepstra, 1988; Hong, 1989）。

Ofir & Lehmann（1986）研究了瑞典、奥地利和法国三个国家的国家形象对美国消费者购买行为的影响，结果表明当消费者无法清晰识别国家形象时，消费者的购买意愿和行为不受国家形象的影响。Johansson et al.（1985）认为，国家形象对消费者的产品感知质量有重要影响，且在消费者不熟悉产品的情况下影响更强。Prendergast et al.（2010）在研究原产地效应与购买意向时发现，日本品牌比韩国品牌对消费者的购买意向有更显著的影响，并且认为在消费者个人参与高时，原产地效应对购买意向的影响会更大。一般来讲，国家品牌对消费者购买决策行为产生影响有两个主要的前提条件：第一，消费者对产品的认知度不高；第二，消费者能够清晰地识别国家品牌（Johansson, 1985; Ettenson, 1988; 杨晓燕, 2007

等）。此外，国家品牌对消费者产品评价的影响也会受消费者自身特征及市场环境的影响（Niss，1996；Lampert & Jaffe，1998）。如王海忠和赵平（2004）研究指出，产品类型、地理细分市场、年龄、教育和收入都会影响原产国形象效应。Godey et al.（2012）在研究奢侈品品牌市场的原产地效应时也发现，消费者根据不同的奢侈品市场来选择不同的购买决策标准，而传统的奢侈品市场国家包括法国、意大利、日本、美国，新兴的奢侈品市场包括中国、印度、俄罗斯。

2.4 涉入度

从消费者角度出发，不同的消费者对同一产品的需求和关注程度不一致，即消费者的产品涉入程度不同。这种不同会使公司品牌形象和国家品牌形象在消费者产品评价过程中的影响效应产生差异。

2.4.1 涉入度的概念

"涉入度"一词最早源于Sherif & Cantril（1947）所提出的"自我涉入"概念，也是涉入度概念的早期雏形。Sherif & Cantril指出，涉入度主要是用于预测个体在某种情景下，如在社会角色、立场或处境的影响下对各种观点的综合态度。Krugman（1965）首次将涉入度这一概念引入市场营销领域的研究，随后学者对涉入度的关注和研究逐渐增多。基于不同的视角，学者对于涉入度的概念存在着多样化的阐释。有些学者从消费者自身的角度加以理解（Hupfer & Gardner，1971；Mitchell，1981；Bloch，1982；Andrews，Durvasula & Akhter，1990），有些学者（Vaughn，1980）以产品因素为出发点，另一些学者（Krugman，1965；Batra & Ray，1983；Petty & Cacioppo，1983）则从信息处理的角度加以解释和说明。表2-6是关于涉入度概念的代表性界定。

表2-6　涉入度定义总结

时间	代表学者	定义
1965	Krugman	单位时间内讯息接受者个体和产品之间建立联系的次数
1971	Hupfer & Gardner	在没有特殊立场的情况下，个人对某件事物、问题持有的兴趣
2005	Kim	产品或服务拥有的潜在价值在消费者头脑中的随续反应
1985	Zaichkowski	个体根据内在的需要、价值和兴趣而产生的对某种事物的联系程度
1986	Park & Young	选购产品时，考虑消费决策的重要性与个人相关的程度
1987	Leight & Menon	所意识到的和个人相关程度及处理的深度
1993	Swinyard	与个人切身相关的程度，直接影响个体接受与处理信息的心理机制
2004	Solomon	消费者对某种产品或服务持续的需求程度

资料来源：作者根据相关文献整理。

可以看出，在关于涉入度概念的界定研究中，学者从不同的角度对其进行了定义，虽然观点不尽相同，但是也在某种程度上达成一些共识。比如，大多数学者认为涉入度是消费者自身的一个内在信息处理的心理过程，外界刺激直接影响消费者接受信息与处理信息的心理机制，最终表现是这些信息与消费者自身内在需求的联系程度，继而产生消费者对产品、服务、品牌等的感知态度及购买意愿。

2.4.2　涉入度的分类

在涉入度概念界定的基础上，目前学术界关于涉入度的代表性分类主要有两种，一种是按涉入度的本质来划分，另一种是按涉入度的对象来划分。其中，以涉入度本质为基础，可以将涉入度分为三类：情景涉入度、持久涉入度和反应涉入度。

（1）情景涉入度（situational involvement）。情景涉入度是"消费者在特定情景中由于外在刺激物的影响，对某种事物所产生的关注程度"（Houston & Rothschild，1978；Cohen，1983等）。情景涉入度主要是在产品属性和情景变量的综合作用下，暂时性地激发消费者对特定对象的相关性或兴趣（Zaichkowski，1985）。

（2）持久涉入度（enduring involvement）。Houston & Rothschild（1978）指出，持久涉入度是"消费者对某一事物相对持久的关注，不会因为所处的环境、情景有差别而改变对该事物的关注，这种涉入程度来自消费者个人内在因素的影响"。持久涉入度可能来源于过去的产品消费知识、产品消费经验，也可能是产品相关价值（Houstou & Rothschild，1978；Rothchild，1997）。由此可见，与情景涉入度的外在性不同，持久涉入度的起因是内在的，主要源于消费者的主观价值判断和内在需要。

（3）反应涉入度（response involvement）。反应涉入度具体是指"由于产品及与其相关的信息驱动的消费者卷入，是情境涉入度和持久涉入度的共同的产物，反映了消费者对某一事物所产生的心理状况（Houstou & Rothschild，1978；Rothchild，1997）"。反应涉入度主要反映个体面对某种事物的一种心理状态结果，是一种复杂性的心理活动。情景涉入可以解释大部分消费者所经历的反映涉入的平均水平，而持久涉入度是反映涉入度水平高低变化的根源（Rothschild，1997）。

涉入对象可以分为三种，即产品（object）、广告（advertisement）和购买决策（purchase decision）。在此基础上将涉入度分为产品涉入度、广告涉入度和购买决策涉入度三种。

（1）产品涉入度（object involvement）。产品涉入度是研究消费行为的一个重要概念，主要反映消费者在产品购买决策过程中搜索产品相关信息的努力程度，当消费者面对特定产品时，其表现态度可以从对产品完全投入的认同到不屑一顾的漠不关心。Bloch & Richins（1983）研究指出，产品涉入度是消费者对某种产品的重视程度或对某种产品所形成的内心主观意识和判断。Goldsmith & Emmert（1991）研究认为，产品涉入度是消费者拥有的对某种特定产品的兴趣、热情和兴奋的感觉。一般来讲，低产品涉入度的消费者在选购产品时，受产品外部信息的影响较为明显，即更倾向于关注与产品相关的外部信息；而高产品涉入度的消费者在产品评价过程中更看重的是产品自身的真实属性，受外部信息的影响较小。此外，产品涉入度的高低还会在一定程度上影响消费者的广告涉入度和购买决策涉入度的高低。

（2）广告涉入度（advertisement involvement）。广告涉入度是指消费者在接触广告过程中的心理状态。当消费者对接触到的广告注意力较高时，广告涉入度就相对较高；反之，当消费者对广告所传递的信息不在意时，广告涉入度就低。一般来讲，消费者在高广告涉入度的情景下，会主动地从广告中搜索与产品相关的属性信息，广告的沟通效果相对较好；反之，消费者在低广告涉入度的情景下，只是被动地接收广告所带来的有关产品的各种信息冲击，广告沟通效果将会打折（Jin, 2009；O'Cass, 2000）。

（3）购买决策涉入度（purchase decision involvement）。购买决策涉入度主要是对消费者在购买活动中所具有的个人相关程度的总衡量（Slama & Tashchian, 1985；Jin, 2009；O'Cass, 2000）。消费者的购买决策涉入度水平的高低会受到很多因素的影响，其中年龄、性别、收入等都与消费者自身的购买决策涉入度的水平相关。如果消费者的购买行为具有高度的自我相关性，他会考虑花费更多的时间收集与产品相关的信息以做出更合理的购买决策，这种情况属于购买决策涉入度高的情况；反之，则属于低购买决策涉入度的行为。

此外，在涉入度概念和分类的基础上，很多学者对涉入度的内部结构进行了划分，一些代表性的划分方法见表2-7所示。

表2-7　涉入度的维度研究

时间	代表学者	定义
1993	Laurent & Kapferer	产品重要性、风险可能性、产品象征性、产品愉悦性
2002	Kyle & Chick	吸引力、自我表现、中心性
2005	Berens et al.	重要性、有用性
2009	江宁和陈建明	重要性、娱乐性、符号性、风险概率、风险后果
2010	李桦	吸引力、自我表现、中心性、价值表现

资料来源：作者根据相关文献整理。

2.4.3 不同涉入度情景下消费者的行为差异

在不同涉入度情景下，消费行为会存在一定的差异。Petty & Cacioppo（1993）研究发现，高涉入度的消费者会倾向于主动搜集信息，对比各个品牌或产品的差异，通过搜集、了解、分析和选择等处理过程，整理和完善对产品的认知，低涉入度的消费者的行为则完全不同，很容易受到外部干扰因素的影响。Krugman等学者根据产品的涉入程度与使用过程的差异，将消费者分为高涉入度需求组和低涉入度需求组，结果显示，不同涉入度水平的需求组的决策过程和行为结果都存在差异性。一般来讲，当消费者的涉入程度较高时，其在决策过程中受到外界的影响较小，会在最终决策前对产品进行全面评价，而当消费者的涉入程度较低时，其决策过程相对简单，容易受到外界因素的影响，较易形成的购买决策一般都是在购买行为发生后做出评估和判断。见表2-8所示。

表2-8　不同涉入度消费者行为差异

行为项目	高涉入者需求组	低涉入者需求组
信息搜索	积极主动地通过各种方式和渠道搜集关于产品的全面信息，看重产品的自身属性	不会特别积极，被动地接受有限信息，更容易被产品外部线索所左右
差异认知	有自己的想法和主见，不会轻易认同与自身观点不同的信息	很容易地接受与自身观点不同的信息，不去做深入的比较和判断
决策过程	对所有信息进行详细的分析和处理，决策过程更为复杂，在购买之前评估行为后果	决策过程较为简单，容易不加分析而盲目发生行为
广告影响	对广告信息的内容和真实性进行全面分析	对广告的形式和内容关注较低

资料来源：作者根据相关文献整理。

此外，也有学者关注到涉入度对消费行为的调节作用，并采用数据进行了一些检验，也提出了一些结论。但关于涉入度是否在消费者购买决策行为过程中存在显著的调节作用并没有达成一致的结论。有的学者认为，不同涉入度对消费者的某些信息处理行为的调节作用不显著（如Johnsen，

2009；Sundar & Kim，2005等）；而有些学者通过研究发现，不同涉入度水平对产品或品牌与消费者之间的互动关系具有显著的调节作用（Wynstra et al.，2000）。

借鉴已有学者的研究，本书在研究公司品牌形象和国家品牌形象对消费者产品评价的影响过程中，将涉入度作为一个调节变量进行研究，深入探究公司品牌形象和国家品牌形象对消费者产品评价的影响是否受消费者涉入度的调节。此外，本书所讲的涉入度主要是指产品涉入度，是指消费者基于自身的需求、利益和价值观对某种产品的认知与其内在需要的程度，将涉入度作为单一变量来处理，进而检验产品涉入度在公司品牌形象和国家品牌形象对消费者产品评价的影响关系中的调节作用。

2.5　全球消费文化融入度

2.5.1　全球消费文化融入度的概念

1. 全球消费文化

文化与消费和消费者密切相关。全球化趋势的兴起与发展使得消费者更加强烈地意识到新的生活方式和文化象征能够跨越地域和国家界限（Arnett，2002）。全球化进程加速了各个国家和地区文化之间的碰撞，同时缩短了消费者通过消费和物质象征来建立全球身份认同的进程（Friedman，1994）。Ritzer（2007）研究认为，全球化直接引起了全球消费文化（global consumer culture）。全球消费文化作为一个复杂和动态的系统，不但包括文化的相似性和差异性，还同时兼具国际化和本土化的内涵。具体来讲，全球消费文化是指"与消费相关的符号、行为的集合，它通常为顾客和企业所理解，但不一定被所有消费者所共用"，即消费者虽然知道全球消费文化的内涵和行为，但总是不断地依赖本土化的解码系统进行解读、使用和展现（Alden et al.，2003；Melissa & Dana，2010；郭晓凌和张梦霞，2011）。此外，Holt et al.（2004）的研究还认为，在大众媒体和企业沟通活动的影响下，全球消费文化的概念会更加趋于具体化，全球消费文化与人们追求"世界公民""地球人"等全球融合的信念紧密相连，并促使消费者偏好那些超越本土文化局限而具有泛文化象征的全球流行品牌或产品，以此来突出和深化存在的意义。因此，从这个层面来讲，全球消费文化的核心在于消费者通过消费进行身份的界定和导向（Arnould & Thompson，2005）。

2. 全球消费文化融入度

作为全球化背景下兴起的一种消费心理，全球消费文化融入度反映了消费者融入全球消费文化程度的高低，是消费者面对国际化市场的一种态度倾向。消费者的全球消费文化融入度越高，表明其越能够充分接纳、吸收全球文化，偏好全球流行产品，而消费者的全球消费文化融入度低，意味着对全球文化的接纳程度较低，不认可世界上其他地区的生活方式或消费模式，更偏好当地的传统特色产品。近年来，全球消费文化融入度这一概念在营销领域，特别是在全球营销研究领域的重要性不断提升，越来越多的学者开始关注全球消费文化融入度不同的消费者消费行为的差异性（如郭晓凌和王永贵，2013；Riefler，2012；Steenkamp et al.，2010等）。

在国际化市场环境中，有些消费者之所以能够具有较高的全球消费文化融入度，主要有两个方面原因：一方面，全球消费文化超越国家和当地文化，使得产品的文化含义和象征价值能被世界上大多数消费者所理解、接受并喜爱（Tomlinson，1999；Alden et al.，1999）；另一方面，全球消费文化植根于消费文化理论（Arnould & Thompson，2005；Holt，2002；Mc Cracken，1986），通过消费那些在全球范围内广泛使用的产品和品牌，消费者可以显示同住"地球村"的身份认同，并能够进一步强化自我界定（self-definition）。

2.5.2 不同全球消费文化融入度情境下消费者的行为差异

面对日益全球化的市场，消费者可能会呈现出不同的反应，Faderman（1999）将此形象地表示为，"在日益全球化的背景下，有些人致力于生产、使用更好的雷克萨斯汽车，而有人则竭力保护自己家门口的橄榄树"。雷克萨斯汽车和"橄榄树"分别代表着消费者对来自国际化产品的接受程度或抵制程度，也进一步反映出消费者融入全球消费文化程度的高低。目前，针对全球消费文化融入度的正面研究还比较少。郭晓凌和王永贵（2013）以发展中国家（中国）和发达国家（美国）两个国家的消费者为研究样本，首次探讨并比较了全球消费文化导向对全球品牌态度的影响。结果显示，对于发展中国家的消费者而言，全球消费文化导向能够正向影响对发达国家品牌的态度；对于发达国家的消费者而言，全球消费文化导向对品牌态度没有显著影响。钟亮（2009）在研究全球化形象与消费者偏好之间的关系时，将全球消费文化融入度作为一个调节变量进行了研究，实证结果显示，全球消费文化融入度正向调节全球化形象对消费者品牌偏好的影响，即消费者的全球消费文化融入度越高，全球化形象对消费者品牌偏好的影响越大。吴水龙等（2012）研究发现，消费者的全球消费文化融入程度在品牌全球化形象对消费者选择的影响关系中具有显著的调节作用，即消费者的全球消费文化融入度越高，品牌全球化形象对消费者的产品评价影响效应越大。

可以看出，不同的消费者对全球消费文化的看法和认知存在差异，他们融入全球消费文化的程度也不尽相同。因此，对于全球消费文化融入程度不同的消费者，来自国外的公司品牌形象和国家品牌形象对其产品评价的影响强度也会存在一定的差异。据此，本书认为，在研究跨国经营环境中公司品牌形象和国家品牌形象对产品评价之间的影响关系时，应该考虑将消费者的全球消费文化融入度作为一个调节变量进行研究。

2.6　产品熟悉度

2.6.1　产品熟悉度的概念

根据消费者购买过程理论，消费者在评价产品时，需要先评估产品的各种属性和功能，这一评估过程往往直接受到消费者产品知识和消费经验的影响（Alba & Hutchinson，1987）。这种知识和经验的客观表现就是消费者的产品熟悉程度。

产品熟悉度（degree of familiarity）是判断消费者产品知识的一个重要维度，是用于评价消费者对目标产品了解程度的重要指标，反映了消费者所积累的与某种产品相关的经验水平（Lafferty，2009；Park & Lessig，1981；Alba & Hutchinson，1987）。目前，学术界对产品熟悉度的定义还未达成一致，较为普遍采用的是Samiee & Madden（1993）对产品熟悉度的定义，他们认为产品熟悉度是"出于对产品本身或是购买过程的兴趣，消费者所掌握的不同品牌、不同型号、不同产地的同种产品在价格、品质、性能等方面信息的完备程度"。Park & Lessig（1981）研究认为，产品熟悉度有两种表示方式，即主观产品熟悉度和客观产品熟悉度。其中，主观产品熟悉度表示消费者自我感知的对某种产品或服务的熟悉程度，即消费者对产品了解程度的主观感知，对主观产品熟悉度的研究有助于了解消费者在产品购买决策过程中偏见和启示的形成；而客观产品熟悉度表示消费者对产品质量、性能等属性的真实了解程度，是消费者与产品经验有关的长期记忆，对客观产品熟悉度的研究有助于了解记忆内容对消费者的评估和选择决策的影响。在一些学者对产品熟悉度概念界定的基础上，本书将产品熟悉度定义为消费者关于某一特定产品自我经验的感知，即消费者对某一特定产品的了解程度。

2.6.2 产品熟悉度的衡量方法

由于产品熟悉度是与某种特定的产品类型、产品特点等特有属性密切相关，因此针对不同的产品，产品熟悉度的衡量方法并不一致，表2-9对具有代表性的一些产品熟悉度的测量量表进行了归纳。可以看出，虽然产品熟悉度的衡量有很多种，但是其测量内容大多与产品的产地、品牌、价格、款式、品质、性能、质量和特点有关。

表2-9 产品熟悉度测量内容

学者	年代	测量内容
Michael	2005	使用一个二项李克特式量表（Likert-Type Scale）对产品熟悉度进行衡量，然后求两者的平均值并形成一个"熟悉程度指标"
Cordell	1992	从品牌形象、原产国形象以及产品款式、型号、价格等方面与产品细节属性的关系，来衡量消费者的产品熟悉程度
Johansson & Nebenaz	1986	设计了测量消费者对耐用品熟悉度的一般量表，其中大部分与产品品牌、价格、产地、型号、品质和特点有关
Han & Qull	1985	认为高产品熟悉度的消费者对于品牌、产地、价格这三个方面与产品自身属性之间的联系应该了如指掌。

资料来源：根据现有研究整理。

2.6.3　产品熟悉度与产品评价的关系研究

产品熟悉度不同的消费者的产品评价机制存在差异。根据Petty & Cacioppo（1983）所提出的精细加工可能性模型（the elaboration likelidood model），消费者产品熟悉度的提高会促使其建立更精细的认知结构。对于产品认知水平和熟悉程度不同的消费者而言，他们在评价同一产品时会参照不同的信息和标准，即他们在判断同一产品时往往会选取不同的属性，或对同一属性赋予不同的权重。Punj & Srinivasan（1989）研究认为，产品熟悉度高的消费者通常会关注更多方面的产品属性和产品特征，而产品熟悉度低的消费者一般只运用与产品相关的表面信息。因此，产品熟悉度高的消费者能够更有效地利用产品释放的各种信息来评价产品，而低熟悉度消费者大多仅仅依赖明显公开的信息。Hoch & Deighton（1989）研究指出，产品熟悉度是消费者对产品相关体验的持续积累，产品熟悉度高的消费者能够缩短与产品相关的信息搜索时间，能够更有效地做出产品评价。Park & Stoel（2005）研究指出，当面对全新事物时，人们没有足够的经验去判断，此时，第三方信息较易左右人们；相反，当人们判断熟悉事物时，过往经验有助于信息的甄别，以得到最有效的判断结果，此时第三方信息的影响力就会减弱，甚至消失。此外，根据态度可接近性理论（attitude accessibility theory），产品的熟悉度越高，信息接收者脑海中的联想就越广泛，与产品有关的信息就越容易从他们记忆当中提取出来，因此也就越容易对信息处理和品牌评价产生影响，即当个体接触到某种产品时，如果他对这种产品非常熟悉，那么他从记忆中提取与组织相关的信息所耗费的时间和精力就越少，从而后续所作的其他判断也越简单。

在以往关于产品熟悉度的研究中，有的学者是将产品熟悉度作为消费者产品评价的直接影响因素研究的，如Fazio et al.（1989）研究发现，产品熟悉度对消费者的态度行为有显著影响。Johnson & Fomell（1991）的研究结果显示，消费者在产品的重复购买过程中，一般会对自己较为熟悉的产品给予正面积极的评价。有些学者则认为产品熟悉度在消费者决策过程中应当作为一个调节变量来处理，如Laroche et al.（1996）研究认为，消费者的产品或品牌熟悉度越高，消费者对该产品或品牌拥有的信息量就会随之增加，进而会增加对该产品或品牌的信心，最终促使购买行为发生。Benedicktus et al.（2010）通过实证检验了产品熟悉度和临场感对消费者信任和购买意愿产生的主效应和交互效应，进一步证实了产品熟悉度的调节作用，即临场感对不熟悉的产品影响作用要比熟悉的产品的影响作用更大。

基于已有文献可以看出，产品熟悉度不同的消费者在产品评价过程中的参考处理来源和信息处理机制不同。因此，本书在研究公司品牌形象和国家品牌形象对产品评价影响关系的过程中，将产品熟悉度作为一个调节变量来研究。此外，由于在消费者产品熟悉度不同的情况下，消费者的产品评价机制存在根本不同，因此本书将产品熟悉度看作一个外部的情景因素，即在分析全球消费文化融入度和产品涉入度在公司品牌形象和国家品牌形象对产品评价影响关系中的调节作用时，进一步分析在不同产品熟悉度情景下，上述两种调节效应的异同。

2.7　研究机会和切入点

通过本章有关公司品牌形象、国家品牌形象、全球消费文化、涉入度、产品熟悉度等相关文献的回顾和梳理可以发现：首先，自品牌的概念提出以来，关于公司品牌形象和国家品牌形象与产品评价之间关系的研究已经取得了相对丰富的研究成果，有些学者也开始关注营销领域中有关调节变量（如产品特征、品牌策略等）的影响；其次，涉入度、全球消费文化及产品熟悉度几个概念在营销领域也已经受到关注，作为几个独立概念，虽然已经在某些学者的研究中有了涉及，然而这几个概念和产品评价之间的关系仍存在可进一步完善的地方。

首先，学者在针对公司品牌形象或国家品牌形象与产品评价之间的关系进行研究时，很少将公司品牌形象和国家品牌形象纳入一个研究框架加以考虑。一般的文献要么是单纯地研究公司品牌形象与产品评价之间的关系，要么是单纯地研究国家品牌形象与产品评价之间的关系。然而，在国际化市场中，消费者的产品评价除受到产品来源公司的公司品牌形象影响外，由于"刻板效应"的存在，产品来源国的国家品牌形象无疑是影响消费者产品评价的一个重要外部线索。因此，将公司品牌形象和国家品牌形象置于一个研究框架中进行研究很有必要。

其次，已有学者对公司品牌形象或国家品牌形象与产品评价之间关系进行了研究，但基本上是研究他们之间的直接关系，对公司品牌形象和国家品牌形象对产品评价影响的作用边界和条件的研究分析较少。然而，根据文献回顾发现，在国际化环境中，全球消费文化融入度和产品涉入度可能是影响公司品牌形象效应和国家品牌形象效应的重要条件。此外，产品熟悉度是消费者影响产品评价的一个重要前提条件，根据精细加工可能性模型，产品熟悉程度不同的消费者在评价同一产品时会参照不同的信息和标准，但是已有的研究很少涉及，这也成为本研究的一个重要切入点。

最后，以往学者在对公司品牌形象或国家品牌形象进行研究时，所涉及的国家多为欧美等地的发达国家，较少关注发展中国家的情况，尤其是对以中国为代表的新兴国家的深入研究。然而，与欧美等地的发达国家的市场环境不同，中国企业在跨国经营过程中面临着特殊的国际经营环境。第一，中国的国家品牌形象和欧美等地的发达国家的国家品牌形象在消费者心中的差距很大，国际消费者普遍认为欧美等地的发达国家生产的产品具有"高精尖""科技先进"等特点，由于历史、政治和现实原因，中国的国家品牌形象并没有为来自中国的产品增光添彩，其"质低价廉"等形象使中国企业赢得国际市场并非易事。第二，中国与欧美等地的发达国家所处的经济发展阶段不一样，目前中国正在发展"中国特色的社会主义"市场经济，在这一过程中面临的一个突出问题是就业问题，这使得劳动密集型的"中国制造"和"世界工厂"等现象成为常态，这对于中国企业走"OEM-ODM-OBM"的升级路径是一个重要挑战。第三，中国与欧美等地的发达国家所处的市场发展阶段不一样，与欧美等地的发达国家打造国际知名品牌所处的"低竞争时代"不同，现今国际市场竞争态势非常严峻，市场上已经存在包罗万象的国际品牌，中国企业开拓"蓝海"非常困难。

因此，面临这种特殊的国际经营环境，如果将前人在成熟市场上的研究方法一成不变地照搬过来，研究结论难免会存在一定偏差。鉴于此，本书基于中国的跨国公司进行研究，重点分析来自不同国家的消费者对中国产品的评价过程，这种跨文化和跨国度的比较研究对于了解不同文化背景下的消费者在中国产品评价问题上的异同，以及对于检验某些假设、结论是否具有超越国界、文化的普适性具有重要的理论意义和现实意义，这为本书的研究提供了一个很好的研究机会和切入点。

第3章 理论模型和研究假设

在第2章文献回顾和分析的基础上，本章首先对本书所用到的基础理论进行介绍；其次，在理论分析的基础上提出本书的理论研究模型，即"公司品牌形象和国家品牌形象对产品评价影响的概念模型"；再次，在研究模型构建的基础上，根据研究目的提出本书的研究假设；最后，明确研究模型中各个研究变量的操作化定义。

3.1 理论基础

现阶段关于公司品牌形象、国家品牌形象、全球消费文化、产品涉入度等变量与消费者产品评价之间关系方面的研究主要从营销学、行为学、心理学等领域逐步发展起来。本章首先对本书所用到的几个基础理论进行简单介绍，主要包括刺激-反应理论、双处理理论和线索理论等。

3.1.1 刺激-反应理论

刺激-反应理论（Stimulus-Response，简称S-R）又称为行为主义学习理论。在现阶段研究中，较有影响的有早期行为主义理论和认知行为理论（新行为主义理论）。

早期行为主义心理学的创始人约翰·华生（John B. Watson）认为，行为是个体对外界刺激的被动反应，研究行为背后的规律，就能通过外界刺激来预测行为的发生。其中，刺激来源于身体内部刺激和身体外部环境刺激两个方面，其中外部环境刺激是行为发生的主要原因。早期行为主义理论存在一定的局限，其主要强调外界刺激是人们行为产生的根本原因，忽略了主观心理因素对行为的影响作用，该理论基本上是伊凡·巴甫洛夫（Ivan Pavlov）的经典条件反射理论在人身上的移植，即将人的反应与动物的反应看作一回事。在约翰·华生研究的基础上，美国心理学家伍德沃思（R.S.Woodworth）在1929年出版的《心理学》一书中，提出了刺激-机体-反应（Stimulus-Organism-Response，简称SOR）行为模型，在刺激和反应之间添加了有机体的作用。该理论在刺激-反应理论的基础上进行了修正，主张应该研究个体的意识和行为的全部活动，外界刺激作用于有机体之后产生相应的反应，作为结果而产生的反应既依赖刺激，又依赖有机体本身。

随后，在刺激-机体-反应理论基础上，Howard & Sheth（1969）在其《购买行为理论》一书中提出了霍华德—谢思购买行为模型（见图3-1）。该模型将顾客满意度作为一种认知状态，用来衡量消费者购买某一产品的付出与回报是否适当，该认知状态决定了消费者是否将重复购买。因此，可将消费者的产品购买决策过程看成一个认知过程，从这个意义上来讲，霍华德-谢思模型是一个认知模型。可以看出，该模型包括输入变量、内在因素、外在因素和反应或产出因素四大类型变量，其中输入变量和外在因素作为购买的刺激物，能唤起消费者的购买动机，也能影响消费者的心理活动，消费者受刺激物和先前购买经验的影响，会对所选产品产生一系列反应，并在上述因素综合作用下产生某种购买倾向和态度，最终输出信息。

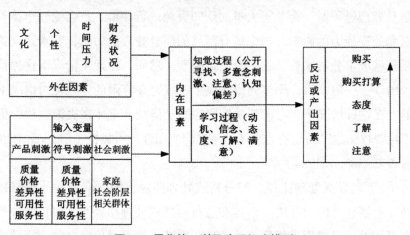

图3-1　霍华德—谢思购买行为模型

基于上述理论分析，本书采用刺激-机体-反应理论作为基础理论之一，将影响消费者行为的前置刺激因素，即公司品牌形象和国家品牌形象作为输入变量S，消费者的产品评价作为输出变量R，深入研究S和R之间各个变量（产品涉入度、全球消费文化融入度和产品熟悉度）O之间的作用关系，以进一步分析公司品牌形象和国家品牌形象对产品评价的影响过程。

3.1.2 双处理理论

双处理理论（dual-process theory）主要是用于解释个体对信息的认知加工过程，后续学者在该基础上又延伸出了许多子理论，其中最为典型的两个理论模型是启发分析模型（Heuristic-Systematic Model，简称HSM）和精细加工可能性模型（The Elaboration Likehood Model，简称ELM）（Chaiken，1980；Petty & Cacioppo，1984）。

1. 启发分析模型

启发分析模型是双处理理论的一个分支理论，由Chaiken et al.（1980）等人提出，是用于解释个体信息处理过程的一个经典模型。启发分析模型的基本思想是：个体在处理信息时会遵循两个基本信息处理路径，即分析式处理路径和启发式处理路径。

（1）分析式处理路径。分析式处理路径是指，个体在进行一个全面的信息处理过程时，会基于大量的认知资源进行评价，且会受到个体处理意愿和处理能力的影响。当个体有足够的信息处理能力时，花费认知资源的动机就成了分析式处理的主要决定因素。然而，在现实情况下这种情况较少出现。一般来讲，个体的很多决策过程是在有限的处理能力情况下发生的，在这种情况下，考虑到认知资源的经济性，个体在决策过程中更倾向于耗费较少的时间和精力来评估信息的实用性或可靠性（Chaiken，1980；Petty & Cacioppo，1984）。

（2）启发式处理路径。与分析式处理路径不同，启发式处理路径是一种有限信息处理的方法。个体在进行启发式处理路径时，仅仅对决策环境下可用的信息线索进行简单的梳理和判断，进而评价信息的有用性或可靠性。在现实情景中，这种信息处理的方式最为常见，即允许个体在不处理和不分析信息本身内容的情况下就判断信息有效性，如以信息的表面特征、信息发送者的特征等作为此类启发式决策的规则（Chaiken，1980；Chaiken & Eagly，1989）。因此，个体在判断过程中，当外界提供有助于快速做出决定的信息与人们过去的知识和经验相一致时，信息处理者就可以快速地、高效地做出最后的判断和决策。

2. 启发分析模型的情景因素

启发分析模型情景因素的研究，是认知心理学家和社会心理学家长期研究的一个重要课题。根据启发分析模型的思想，启发式处理路径主要是处理较少的信息或以简便的方法处理信息。因此，启发式处理模型能够减少个体的认知努力过程，更节省个体的认知努力，对信息的集成度较低；而分析式处理路径需要个体处理较为烦琐的信息，处理过程更为深入和全面，需要耗费个体更多的认知努力，对信息的集成度要求较高，信息处理结果更可信。

一般来讲，个体在选择使用何种信息处理方式进行决策时，受到很多因素的影响。例如涉入度，如果某个决策问题对信息处理的个体来说非常重要，他往往会愿意耗费更多的认知努力，更倾向于采用可靠性和精确度较高的分析式信息处理路径；当某个决策问题对个体来讲不太重要，他更可能采用启发式处理路径以减少自身的认知努力程度（Giner-Sorolila & Chaiken，1997；Petty & Wegener，1998）。此外，个体自身的信息处理能力和动机也是影响个体采用何种信息处理方式的一个重要因素。分析式处理路径需要个体拥有较多的认知资源和处理能力，如个体需要对将要做出的决策具有较多的知识和经验等（Wood et al.，1985）。当个体的信息处理能力不足时，会更倾向于采用启发式信息处理路径。在现实情景下，对个体处理能力的操控往往比较困难，更多的研究是将影响个体信息处理能力或动机的因素作为双处理模型的调节变量来进行控制（Petty & Wegener，1998）。

3. 精细加工可能性模型

Petty & Cacioppo（1983）提出的精细加工可能性模型被认为是解释消

费者认知和态度变化的一个最佳模型之一。根据该模型，消费者的认识和态度是通过两个截然不同的说服路线被改变的，即"中心路径"和"边缘路径"。"中心路径"是把消费者的态度改变看成个体仔细思索和信息综合的结果，即消费者通过精心地加工、综合多方面的信息，分析和判断目标产品的各种性能，进而形成最终态度。而边缘路径认为，消费者态度的改变不在于产品本身的性能，而是根据外部的一些线索，如广告、品牌状况等线索的刺激做出直接的反映，不会对信息进行深层次的加工，对某种产品态度的形成更多的是依赖情感的迁移或直观的判断。消费者究竟采用何种路径对信息进行加工很大程度上取决于消费者的产品涉入水平。当消费者处于较高的产品涉入状态，或有足够的信息加工能力时，他们会更愿意做出所需的认知努力来加工处理这些信息争论，这时消费者的态度改变遵循的是中心路线；当消费者的产品涉入度较低时，或是没有足够的能力进行信息加工时，他们遵循的是边缘路线，更依赖其他信息来形成态度或是做出产品选择。基于上述分析，本研究在借鉴Petty & Cacioppo（1983）研究结论的基础上，认为公司品牌形象和国家品牌形象对消费者产品评价的影响程度同样受到消费者产品涉入程度的影响。

3.1.3 线索理论

1. 线索理论的基本思想

线索是影响个体决策的一种有意识或无意识的一系列信号（Steemkamp，1990）。线索是由编码者释放，被解码者主动或被动地接收，与此同时解码者随机可将解码的信号作为评估标准（王新欢，2007）。一般来讲，研究者通常将线索分为内部线索（intrinsic clues）和外部线索（extrinsic cues）。其中，内部线索主要涉及包括产品的材质、味道和化学成分等物理属性在内的产品自身的属性信息；外部线索主要是指产品的价格、产地、品牌等与产品紧密相关但容易被改变的特征（Rao & Monroe，1988；Purohit & Srivastava，2001）。此外，与外部线索相比，消费者在产品评价过程中往往会更加注重内部线索，（Rao & Monroe，1988；Purohit & Srivastava，2001）。但现实的情况是，当消费者缺乏相应的消费知识和消费经验时，内部线索往往很难获得，利用内部线索来进行产品评价往往需要付出更多的认知努力。因此，消费者在大多数情况下只能利用外部线索来评价产品的质量和品质（Miyazaki et al., 2005），相对来讲，外部线索更容易获得，消费者可以通过产品的品牌、产地、广告等形式对产品有一定的总体概念。

2. 线索诊断理论

关于线索的理论研究，学者已经取得了丰富的研究成果，如线索一致性理论、线索利用理论、线索诊断理论和信号理论等。其中，最具有代表性和使用最为广泛的是线索诊断理论。线索诊断理论认为，消费者在进行产品评价时会利用某些线索将产品归于特定级别，某一线索的可获得性、可诊断性和相对于其他线索的易得性共同决定了该线索在产品评价中所占的权重。Gidron & Tversky（1993）将线索分为高范围线索和低范围线索。其中，高范围线索是指其效价不会随时间变化而变化的线索，如品牌形象、商店声誉等；低范围线索则是指临时的、效价会随时间变化的线索，如售后保障、产品保证等。Purohit et al.（2001）指出，低范围线索的效价很大程度上依赖高范围线索，即高范围线索可通过改变低范围线索的诊断性使其有效或无效，从而决定其是否被消费者用于产品质量的评价与判断。高范围线索既会直接影响或间接影响顾客的产品质量评价，也会通过改变低范围线索在产品评价中的效价而间接影响产品的感知质量。Purohit等人还指出，低范围线索只有在至少有一个或几个高范围线索产生积极效应时，消费者才会将其用于产品质量判断，而高范围线索对情境中其他线索效价的依赖程度较低。

3.2　概念模型

基于前文文献分析与本书的研究思路，本研究在Johanssion et al.（1985）提出的国家形象对信念-评价关系的影响模型和Berens et al.（2005）提出的经典公司品牌对产品评价的影响模型基础上进行了扩展和整合，并结合消费者态度形成的三个阶段模型（信息输入、认知形成和态度形成），根据国际化环境中消费者面对的实际消费环境，分别在每个阶段选择相应的变量，建立一个整合的研究模型来分析研究公司品牌形象和国家品牌形象对产品评价的作用机制和作用条件。模型的具体构建思路如下。

1. 公司品牌形象和国家品牌形象作为产品评价的信息输入变量

首先，公司品牌形象和国家品牌形象对产品评价的正向影响关系已经在诸多文献中得到了证实，但是以往的学者一般是将公司品牌形象和国家品牌形象对产品评价之间的影响关系割裂开来进行单独研究的。由文献梳理可以看出，公司品牌形象与产品评价之间的关系主要体现在两个方面：作为一个整体而言，消费者对某个公司的整体性感知会影响消费者对该公司的产品评价；公司品牌形象的不同维度对产品评价的作用效果并不均衡（Brown & Dacin, 1997）。国家品牌形象对产品评价的正向影响关系则更早在文献中得到了研究证实，如Han（1989）系统地研究了原产国形象对产品评价的影响，并指出原产国形象主要通过两种途径影响消费者的购买决策过程。第一种途径是"光环效应"，"光环效应"受到消费者产品知识和消费经验的影响，如果缺乏相应的消费知识和消费经验，原产国形象的"光环效应"就会出现，即沿着"原产国形象-产品形象"的路径进行；第二种途径是"概构模型"，若消费者对该产品非常了解，则表现为"概括模型"，消费者的产品评价过程会沿着"产品形象-原产国形象-产品形象"的路径进行。后来的很多研究（如王海忠，2002；Anholt, 2002；Chung et al., 2011；Li et al., 2011等）都进一步验证了国家品牌形象对产品评价具有显著正向影响。

其次，与传统的消费环境不同，在国际化市场中，在研究公司品牌形象对消费者产品评价的影响过程中，我们不应该忽略影响产品评价的另外一个重要外部因素，即产品来源国的国家品牌形象。在国际消费市场上，由于"刻板效应"的存在，产品来源国的国家品牌形象无疑是影响消费者产品评价的另外一个重要外部线索。因此，专门系统地将公司品牌形象和国家品牌形象纳入一个研究模型中进行研究显得非常有必要。据此，本书将公司品牌形象和国家品牌形象置于一个研究框架中进行研究，并根据消费者态度形成的三个阶段模型，将公司品牌形象和国家品牌形象看成消费者产品评价的前置刺激因素。信息线索理论能够很好地解释上述关系，从信息线索理论的角度来看，产品对于消费者来讲可能被设想为一组信息，包括内部线索（如产品质量、设计、款式、性能等方面）和外部线索（如产品价格、品牌、原产地等方面），在消费者内部线索不足的情况下会主要通过外部线索对产品进行评估，而公司品牌形象和国家品牌形象可以看作消费者产品评价的两个重要外部线索，当消费者缺乏相应的消费知识和消费经验时，这种外部线索信息发挥的作用更显著。该理论在关于消费者决策的许多研究中（如Berens et al.，2005；Gurhan-Canli & Batra，2004；Biehal & Sheinin，2007等）都得到了运用。

2. 跨国经营环境中公司品牌形象和国家品牌形象对产品评价的作用条件

根据前文分析可以看出，学者在对公司品牌形象或国家品牌形象与产品评价之间的关系进行研究时，基本上是研究它们之间的直接关系，对公司品牌形象和国家品牌形象对产品评价影响的作用条件的研究分析很少。然而，相对于传统的消费者产品评价理论，在国际化环境中，消费者的产品评价过程更为复杂，公司品牌形象和国家品牌形象与产品评价之间的影响关系不可避免地会存在一定的作用条件。

首先，消费者的全球消费文化融入度。与传统的国内市场不同，国际市场上的消费者很多时候需要对来自其他国家的产品进行评价，然而每个消费者的全球消费文化融入程度不同。消费者的全球消费文化融入度越高，越能够充分接纳、吸收全球消费文化和来自其他国家的产品或服务，更偏好于全球流行的产品；全球消费文化融入度越低，消费者对全球消费文化的接纳程度就越低，不认可世界上其他国家或地区的生活方式和消费模式，更偏好当地的传统特色产品。因此，对于不同全球消费文化融入度的消费者来讲，公司品牌形象和国家品牌形象对产品评价的影响程度应该是不一样的。鉴于此，本书认为在分析公司品牌形象和国家品牌形象对产品评价的影响关系时，应该考虑全球消费文化融入度这一变量的调节作用。

其次，消费者的产品涉入度。前面所讲，产品涉入度在一定程度上表现为消费者搜索产品信息的努力程度。根据启发分析模型，高产品涉入度的消费者会倾向于主动搜集信息，评估各种方案，对比各个产品的差异，通过搜集、了解、分析和选择等处理过程，整理和完善对产品的认知，还会提高消费者对特定产品的情感承诺，产品评价不容易受到外界信息的干扰，具有更强的品牌承诺；低产品涉入度的消费者的消费行为则相对不同，很容易受到外部干扰因素的影响，更倾向于关注外部的广告信息，也会考虑更多的品牌。鉴于此，本书推断，产品涉入度在公司品牌形象和国家品牌形象对产品评价的影响关系中会产生调节作用，即对于不同产品涉入度的消费者而言，公司品牌形象和国家品牌形象对产品评价的影响效应会存在一定的差异。因此，本书将产品涉入度看成上述影响关系中的另外一个调节变量考虑。

最后，产品熟悉度。产品熟悉度反映了消费者积累的与某种产品相关的知识经验水平，根据精细加工可能性模型，产品熟悉程度不同的消费者的产品评价机制是不一样的，他们在评价同一产品时会参照不同的信息和标准，或在判断同一产品时往往会选取不同的属性，或对同一属性赋予不同的权重，能够从整体上影响消费者的产品认知机制。产品熟悉度高的消费者更能够有效利用已有的消费知识和消费经验对产品进行判断和评价，而产品熟悉度低的消费者大多仅仅依赖于明显公开的产品信息，也即是说，消费者面对已经熟悉的产品，其产品评价机制将会发生整体变化，消费者会直接根据消费知识和消费经验对产品进行直观的评价，此时其他情景变量（产品涉入度和消费者的全球消费文化融入度）的调节效应将会受到抑制。因此，综合信息线索理论和精细加工可能性模型的思想，本书推断产品熟悉度可能是影响消费者产品涉入度和全球消费文化融入度发挥调节作用的一个重要外部条件，即在分析全球消费文化融入度和产品涉入度两个变量调节作用的同时，进一步分析在产品熟悉度不同的条件下，上述两个变量调节效应的异同。

在上述理论分析和变量关系的推导基础上，本书基于中国的跨国公司，试图探讨国际化视角下公司品牌形象和国家品牌形象对产品评价的作用机制，着重分析全球消费文化融入度和产品涉入度在公司品牌形象和国家品牌形象对产品评价的影响关系中的调节作用，重点探究在产品熟悉度不同的条件下，全球消费文化融入度和产品涉入度两个变量在上述影响关系中调节效应的异同。根据上述变量之间的关系，构建了图3-2的研究模型。可以看到，在该研究模型中，各个变量之间的关系可以从三个步骤来说明：第一步，在已有文献研究的基础上，验证公司品牌形象和国家品牌形象对产品评价的影响关系，并对公司品牌形象和国家品牌形象对产品评价的影响效应的大小进行比较；第二步，研究分析全球消费文化融入度和产品涉入度两个变量在公司品牌形象和国家品牌形象对产品评价的影响关系中的调节作用情况；第三步，重点分析在产品熟悉度不同的情况下，全球消费文化融入度和产品涉入度两个变量在上述影响关系中调节效应的异同。

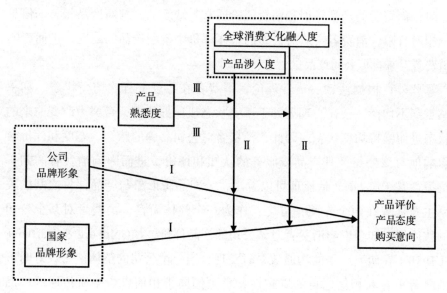

图3-2 研究模型

3.3 研究假设

3.3.1 公司品牌形象对产品评价的影响

根据信息可及性-诊断性模型（Feldman & Lynch, 1988），消费者在内部线索（消费知识、经验）不足的情况下，会倾向于采用外部线索对产品进行评价（Han & Tepstra, 1988; Hong, 1989），而公司品牌形象是消费者产品评价的一个重要的外部线索，高知名度和高美誉度的公司品牌形象有利于提高消费者对该公司产品的良好感知（Creyer & Ross, 1996; Goldberg & Hartwick, 1999）。公司品牌形象对消费者产品评价的影响效应在新产品导入市场阶段更为明显。Brian（1989）研究发现，当消费者首次接触新产品时，消费者的产品知识和消费经验通常是缺乏的，与新产品相关的信息也相对有限，消费者会从对公司的整体评价中推断产品的属性，进而影响消费者对来自该公司产品的评价。

此外，根据认知一贯性理论，消费者在心理上喜欢均衡状态，如果感觉到不均衡，会在心理上处于不安状态或压抑状态，会努力改变原来的状态进而维持均衡状态。因此，消费者对公司品牌的感知、态度和评价会影响他对该公司及其产品或服务的认知和评价，进而影响消费者的购买决策。基于第2章文献梳理可以看出，公司品牌形象与产品评价之间的关系主要体现在两个方面：首先，作为一个整体而言，消费者对某个公司的整体性感知会影响消费者对该公司的产品评价，如Goldberg & Hartwick（1990）在研究广告的沟通效果时发现，当一个公司的整体声誉较好时，消费者更容易相信广告的真实性，也更倾向于相信广告中所传递的产品属性；其次，公司品牌形象的不同维度对产品评价的作用效果并不均衡（Brown & Dacin, 1997）。这也是近年来，很多企业每年都会花巨资进行广告、宣传以期在消费者心中塑造良好的公司品牌形象，进而促进消费者对该公司产品进行积极评价的一个重要原因。综上可见，大部分研究都支持公司品牌形象对产品评价有显著的正向影响。基于上述分析，本书预测，在国际化环境中，良好的公司品牌形象有助于消费者形成对该公司产品的正面积极评价。据此，本书提出假设H1。

H1：公司品牌形象显著正向影响消费者的产品评价。

3.3.2 国家品牌形象对产品评价的影响

近年来，学者对国家品牌形象或国家形象如何影响消费者产品评价的问题进行了很多的理论探讨，国家品牌形象是影响消费者产品评价的一个重要因素，这一点已经得到了很多学者的验证（如Kotler & Gertner，2002；Chung et al.，2011；Li et al.，2011；孙国辉和韩慧林，2015等）。Phau & Prendergast（2000）研究指出，随着技术的进步和交通的便利，不同国家在制造和加工技术上的能力日益趋同，单纯的原产地或制造地对消费者产品感知的影响已经减弱，但消费者对某个特定国家品牌的联想和评价则不会改变，其仍是影响消费选择的一个重要因素。Kotler & Gertner（2002）在提到国家品牌时认为，国家可以作为一种品牌或者产品去营销，而且不管国家本身是否愿意，国际公众已经对该国形成一种印象，而且这种品牌形象会影响国际公众对这个国家的产品购买、投资、旅游和留学。Anholt（2002）在研究国家品牌效应时认为，宝马（BMW）、可口可乐（Coca-Cola）、百事可乐（Pepsi-Cola）成功的背后都有国家品牌形象的支撑，国家品牌就像这些产品品牌和公司品牌一样，唤起了消费者心中形成的某些价值、质量、情感因素。Chung et al.（2011）的研究也发现，在以企业经营业绩和品牌声望作为中介变量的情况下，消费者的产品态度和购买倾向受到制造国品牌形象的显著影响。一般来讲，消费者更倾向于选择来源于国家品牌形象好的产品或服务，这可能是为了彰显社会地位、符合社会规范、减少感知风险等（Batra et al.，2000；Kotler & Gertner，2002；Wang & yang，2008）。

通常，当消费者评价来自国外的产品时，消费者会下意识地对来自不同国家的产品加以归类，如看到德国提供的产品想到"高精尖"、看到美国提供的产品想到"科技先进"、瑞士的手表也会使我们联想到"身份"和"地位"。这在一定程度上说明了国家品牌形象的确会对消费者的产品态度产生影响，是该国的企业和产品走向国际市场的一个重要外部环境，特别是当新产品进入一个新兴国家的市场时，由于东道国消费者缺乏相应的消费知识和消费经验，产品来源国的国家品牌形象就会成为消费者评价该产品的主要外部线索，积极的国家品牌形象能够将消费者对该国的良好感知转移到其生产的产品身上，并促进购买行为的发生。基于以上分析本书预测，在国际化环境中，国家品牌形象能够对产品评价产生显著的正向影响。此外，根据研究目的，本书针对中国的跨国公司，将公司品牌形象和国家品牌形象纳入一个研究框架进行研究。根据线索理论和信息可接近性-可诊断性模型的思想，消费者在产品评价的过程中会优先考虑与产品有更为直观关系的信息线索。因此，本书预测在其他条件相同的情况下，相对于产品来源国的国家品牌形象，消费者在产品评价过程中更看重与产品更直接相关的产品背后企业的整体品牌形象，即公司品牌形象对消费者产品评价的影响效应高于国家品牌形象对消费者产品评价的影响效应。据此，本书提出假设H2和假设H3。

H2：国家品牌形象显著正向影响消费者的产品评价。

H3：在其他条件相同的情况下，公司品牌形象对产品评价的影响效应大于国家品牌形象对产品评价的影响效应。

3.3.3 调节作用相关假设

1. 产品涉入度的调节作用假设

从前文对涉入度的文献回顾可知，涉入度从20世纪50年代开始进入消费者行为学的研究领域，主要被细分为三个方面，即广告涉入度、产品涉入度和购买决策涉入度（Zaichkowsky，1986）。本书所讲的涉入度主要是产品涉入度，是指消费者基于自身的需求、利益和价值观对某种产品的认知与其内在需要的程度。产品涉入度在一定程度上还表现为消费者搜索品信息的努力程度，低产品涉入度的消费者在选择产品时，受到外部的影响较为明显，更倾向于关注更多所购买产品的广告信息，同时也会考虑更多的品牌（吴剑林等，2011）。

根据精细加工可能性模型，具有不同的涉入程度水平的消费者会通过

"中心路径"或"边缘路径"处理与产品或品牌相关的信息。当消费者的产品涉入度较低时，其可能会通过边缘路径处理信息，例如产品的品牌状况、产品来源国的国家品牌形象等外部影响因素，此时这类信息对消费者的产品评价影响较为明显；而当消费者的产品涉入度较高时，更倾向于通过中心路径处理信息，如产品的质量、性价比、功能等，此时公司品牌形象和国家品牌形象这类外部线索对产品评价的影响效应就会减弱（Pretty & Cacipppo，1983）。此外，根据可及性-诊断性理论，低产品涉入度会降低消费者评价诊断性信息（产品客观属性）的动力，他们将以可及性较强的外部信息为线索去推断产品，这是因为产品本身的属性信息相对于其他外部信息具有较低的可及性，需要花费很多的精力去了解。国家品牌形象和公司品牌形象相对于产品属性信息而言具有更强的可及性，更容易被消费者从记忆中唤起。Maheswaran et al.（1992）研究也发现，相对于高产品涉入度的消费者而言，当消费者处于低产品涉入度的情况下，品牌形象对消费者产品评价的影响更为显著。Lee（2005）的研究也指出，当消费者的产品涉入度水平较高时，消费者会搜索更多与产品相关的信息，特别是反映产品本身属性的一些产品特征，并对多个购买方案进行比较分析，与购买决策相关的外部线索如品牌、促销、原产地等外部因素对消费者产品评价的影响将会明显降低。相对于产品自身的属性信息（如质量、款式、设计等），本书中所研究的公司品牌形象和国家品牌形象是消费者产品评价的两个外部线索。对于不同产品涉入度的消费者而言，公司品牌形象和国家品牌形象对产品评价的影响效应可能会存在一定的差异。因此，在已有研究的基础上，本书预测，公司品牌形象和国家品牌形象对产品评价的影响关系受到消费者产品涉入度的反向调节，即消费者的产品涉入度越高，公司品牌形象和国家品牌形象作为产品评价的外部线索对产品评价的影响效应越弱。据此，本书提出假设H4和假设H5。

H4：产品涉入度显著负向调节公司品牌形象对消费者产品评价的影响效应。

H5：产品涉入度显著负向调节国家品牌形象对消费者产品评价的影响效应。

2. 全球消费文化融入度的调节作用假设

作为一种在全球化背景下兴起的消费心理，全球消费文化融入度反映了消费者融入全球消费文化程度的高低，是消费者面对国际化市场的一种态度倾向。Holt et al.（2004）研究指出，在全球化趋势下，消费者全球消费文化融入度的高低与消费者追求"世界公民""地球人"等全球融合的信念紧密相连，高全球消费文化融入度的消费者更倾向于偏好那些超越本土文化局限而具有泛文化象征的全球流行品牌或产品，以此来突出和深化存在的意义。吴水龙等（2012）研究发现，消费者的全球消费文化融入程度在品牌全球化形象对消费者选择的影响关系中具有显著的调节作用，即消费者的全球消费文化融入度越高，品牌全球化形象对产品评价的影响效应越强。钟亮（2009）在研究全球化形象与消费者偏好之间的关系时，将全球消费文化融入度作为一个调节变量进行了研究，实证结果显示，全球消费文化融入度正向调节全球化形象对消费者品牌偏好的影响，即消费者的全球消费文化融入度越高，全球化形象对消费者品牌偏好的影响越大。

与传统的本土市场不同，国际市场上的消费者很多时候需要对来自其他国家的产品进行评价，然而每个消费者融入全球消费文化的程度不同。消费者的全球消费文化融入度越高，表明越能够充分接纳、吸收全球文化，偏好全球流行产品；消费者的全球消费文化融入度低，意味着对全球文化的接纳程度较低，不认可世界上其他地区的生活方式或消费模式，更偏好当地的传统特色产品（郭晓凌和王永贵，2013）。基于上述文献分析，本书预测，对于不同全球消费文化融入度的消费者而言，公司品牌形象和国家品牌形象对产品评价的影响程度应该是不一样的，即全球消费文化融入度在公司品牌形象和国家品牌形象对产品评价的影响关系中存在调节作用，消费者的全球消费文化融入度越高，公司品牌形象和国家品牌形象对产品评价的影响效应也就越显著。因此，本书提出假设H6和假设H7。

H6：全球消费文化融入度显著正向调节公司品牌形象对消费者产品评价的影响效应。

H7：全球消费文化融入度显著正向调节国家品牌形象对消费者产品评价的影响效应。

3. 产品熟悉度的调节作用假设

（1）产品熟悉度和产品涉入度的交互作用

产品熟悉度是判断消费者产品知识的一个重要维度，是用于评价消费者对目标产品了解程度的重要指标，反映了消费者所积累的与某种产品相关的经验水平。Park & Stoel（2005）研究指出，当面对全新事物时，人们没有足够的经验去判断，此时，第三方信息较易左右人们；相反，当人们判断熟悉事物时，过往经验有助于信息的甄别，以得到最有效的判断结果，此时第三方信息的影响力就会减弱，甚至消失。Laroche et al.（1996）的研究也表明，随着产品熟悉度的提高，消费者对某品牌或产品的信息量也随之增加，从而会使消费者对该品牌或产品的信心增加，消费者因此会受到更多的刺激，最终使消费者的品牌或产品态度得到强化。Benedicktus et al.（2010）通过实证检验了产品熟悉度和临场感对消费者信任和购买意愿产生的主效应和交互效应，进一步证实了产品熟悉度的调节作用，即临场感对不熟悉的产品影响作用要比其对熟悉的产品的影响作用更大。

根据精细加工可能性模型，产品熟悉程度不同的消费者的产品评价机制是不一样的，他们在评价同一产品时会参照不同的信息和标准，或在判断同一产品时往往会选取不同的属性，或对同一属性赋予不同的权重，能够从整体上影响消费者的产品认知机制。产品熟悉度高的消费者更能够有效利用已有的消费知识和消费经验对产品进行判断和评价，而产品熟悉度低的消费者大多仅仅依赖明显公开的产品信息。也即是说，消费者面对已经熟悉的产品，其产品评价的机制将会发生根本变化，消费者会直接根据消费知识和消费经验对产品进行直观的评价，此时其他情景变量的影响效应将会受到抑制。具体到本书所研究的产品涉入度的调节效应，本书预测，产品熟悉度是产品涉入度发挥调节效应的一个重要条件。当消费者的产品熟悉度低时，产品涉入度在公司品牌形象和国家品牌形象对产品评价的影响关系中具有显著的调节作用；当消费者的产品熟悉度高时，由于外部信息反映的不足，消费者的产品评价机制发生根本变化，产品涉入度在上述影响关系中的调节效应将会受到抑制。据此本书提出假设H8和H10（便于本书后续实证研究部分的数据处理和条理清晰）。

H8：在不同的产品熟悉度条件下，产品涉入度在公司品牌形象对产品评价的影响关系中产生不同的调节作用。

H8a：当产品熟悉度低时，产品涉入度反向调节公司品牌形象对产品评价的影响关系，即产品涉入度越高，公司品牌形象对产品评价的影响越弱。

H8b：当产品熟悉度高时，公司品牌形象对产品评价的影响不受产品涉入度的调节。

H10：在不同的产品熟悉度条件下，产品涉入度在国家品牌形象对产品评价的影响关系中产生不同的调节作用。

H10a：当产品熟悉度低时，产品涉入度反向调节国家品牌形象对产品评价的影响关系，即产品涉入度越高，国家品牌形象对产品评价的影响越弱。

H10b：当产品熟悉度高时，国家品牌形象对产品评价的影响不受产品涉入度的调节。

（2）产品熟悉度和全球消费文化融入度的交互作用

类似地，如同产品熟悉度是影响产品涉入度发挥调节效应的情景因素一样，全球消费文化融入度在公司品牌形象和国家品牌形象对产品评价的影响关系中的调节效应强度同样受到产品熟悉度的影响。也即是说，由于产品熟悉程度不同的消费者的产品评价机制是不一样的，他们在评价同一产品时会参照不同的信息和标准，产品熟悉度能够从整体上影响消费者的产品认知机制。因此，消费者面对已经熟悉的产品，其产品评价的机制将会发生整体变化，消费者会直接根据消费知识和消费经验对产品进行直观评价，此时其他情景变量的影响效应将会受到抑制，第三方的信息影响就会减弱甚至消失。而当消费者面对全新的事物时，人们往往没有足够的经验去判断，那么第三方的信息就比较容易左右人们的判断。基于上述分析，本书同样推断，产品熟悉度是影响全球消费文化融入度在公司品牌形象和国家品牌形象对产品评价的影响关系中发挥调节作用的一个重要外部条件。当消费者的产品熟悉度低时，全球消费文化融入度能够正向显著地调节公司品牌形象和国家品牌形象对产品评价的影响关系；而当消费者的产品熟悉度高时，消费者的产品评价机制发生根本变化，由于外部信息反映不足，全球消费文化融入度在上述影响关系中的调节效应将会受到抑制。据此，本书提出假设H9和假设H11（便于本书后续实证研究部分的数据处理和条理清晰）。

H9：在不同的产品熟悉度条件下，全球消费文化融入度在公司品牌形象对产品评价的影响关系中产生不同的调节作用。

H9a：当产品熟悉度低时，全球消费文化融入度正向调节公司品牌形象对产品评价的影响关系，即全球消费文化融入度越高，公司品牌形象对产品评价的影响越强。

H9b：当产品熟悉度高时，公司品牌形象对产品评价的影响关系不受全球消费文化融入度的调节。

H11：在不同的产品熟悉度条件下，全球消费文化融入度在国家品牌形象对产品评价的影响关系中产生不同的调节作用。

H11a：当产品熟悉度低时，全球消费文化融入度正向调节国家品牌形象对产品评价的影响关系，即全球消费文化融入度越高，国家品牌形象对产品评价的影响越强。

H11b：当产品熟悉度高时，国家品牌形象对产品评价的影响关系不受全球消费文化融入度的调节。

3.3.4 研究假设总结

上面分别对公司品牌形象和国家品牌形象对消费者产品评价的影响、全球消费文化融入度在公司品牌形象和国家品牌形象对产品评价的影响关系中的调节作用、产品涉入度在公司品牌形象和国家品牌形象对产品评价的影响关系中的调节作用和产品熟悉度对全球消费文化融入度和产品涉入度两个变量发挥调节作用过程的影响等几个方面进行了理论分析并提出了相应的假设，现将本书的假设汇总如下（见表3-1）。

表3-1　本研究假设汇总表

假设	内容
H1	公司品牌形象显著正向影响消费者的产品评价
H2	国家品牌形象显著正向影响消费者的产品评价
H3	在其他条件相同的情况下，公司品牌形象对产品评价的影响效应大于国家品牌形象对产品评价的影响效应
H4	产品涉入度显著负向调节公司品牌形象对消费者产品评价的影响效应
H5	产品涉入度显著负向调节国家品牌形象对消费者产品评价的影响效应
H6	全球消费文化融入度显著正向调节公司品牌形象对消费者产品评价的影响效应
H7	全球消费文化融入度显著正向调节国家品牌形象对消费者产品评价的影响效应
H8	在不同的产品熟悉度条件下，产品涉入度在公司品牌形象对产品评价的影响关系中产生不同的调节作用
H8a	当产品熟悉度低时，产品涉入度反向调节公司品牌形象对产品评价的影响关系，即产品涉入度越高，公司品牌形象对产品评价的影响越弱
H8b	当产品熟悉度高时，公司品牌形象对产品评价的影响不受产品涉入度的调节
H9	在不同的产品熟悉度条件下，全球消费文化融入度在公司品牌形象对产品评价的影响关系中产生不同的调节作用
H9a	当产品熟悉度低时，全球消费文化融入度正向调节公司品牌形象对产品评价的影响关系，即全球消费文化融入度越高，公司品牌形象对产品评价的影响越强
H9b	当产品熟悉度高时，公司品牌形象对产品评价的影响不受全球消费文化融入度的调节
H10	在不同的产品熟悉度条件下，产品涉入度在国家品牌形象对产品评价的影响关系中产生不同的调节作用
H10a	当产品熟悉度低时，产品涉入度反向调节国家品牌形象对产品评价的影响关系，即产品涉入度越高，国家品牌形象对产品评价的影响越弱
H10b	当产品熟悉度高时，国家品牌形象对产品评价的影响不受产品涉入度的调节
H11	在不同的产品熟悉度条件下，全球消费文化融入度在国家品牌形象对产品评价的影响关系中产生不同的调节作用

续表

假设	内容
H11a	当产品熟悉度低时，全球消费文化融入度正向调节国家品牌形象对产品评价的影响关系，即全球消费文化融入度越高，国家品牌形象对产品评价的影响越强
H11b	当产品熟悉度高时，国家品牌形象对产品评价的影响不受全球消费文化融入度的调节

基于理论分析所提出的理论研究模型和上述研究假设整理如下（图3-3）。其中符号"+"表示两个变量之间存在正向的直接关系，符号"-"表示两个变量之间存在负向的直接关系。

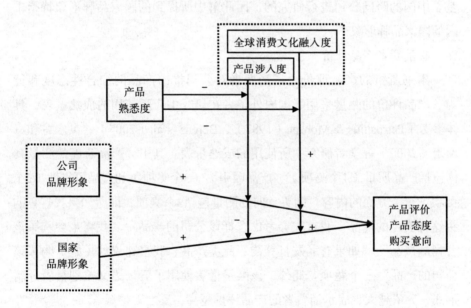

图3-3 相关研究假设路径图

3.4 变量定义

本研究重点涉及六个潜变量，分别为消费者产品评价、公司品牌形象、国家品牌形象、全球消费文化融入度、产品涉入度和产品熟悉度。借鉴已有学者的研究，本书中消费者产品评价变量包含两个部分：产品态度和购买意愿，其中产品态度具体包括产品质量、产品吸引力、产品可靠性三个方面。特别地，本书中的公司品牌形象特指产品来源公司的公司品牌形象，国家品牌形象特指产品和企业来源国的国家品牌形象。由于本书是基于中国的跨国公司进行研究的，因此书中所提到的国家品牌形象特指中国的国家品牌形象。

1. 消费者产品评价

本书所指的产品评价是指消费者对公司推出产品的综合性态度和行为。产品评价的测量采用了国内外学者在研究中广泛使用的成熟量表，具体参考了Petroshius & Monroe（1987）、Berens et al.（2005）、吴水龙和卢泰宏（2009）等学者研究中所使用的成熟量表。其中，产品态度的测量具体包括产品质量（4个测项）、产品吸引力（3个测项）和产品可靠性（2个测项）三个方面的内容。购买意向的测量包括3个测项，即"如果我打算购买这种类型的产品，我首先会考虑选择该公司的产品""我将来会购买该公司的产品""如果有朋友打算购买此类产品，我会建议他（她）购买该公司的产品"三个题项。此外，该测量量表使用了五级语义差别量表分制形式，分值越大，表示消费者的产品评价越高，反之则越低。

2. 公司品牌形象

在已有研究的基础上，本书所指的公司品牌形象侧重研究的是公司品牌的外在表现形式。本书借鉴了已有研究中专门针对公司品牌形象的测量量表，此项测量的题项设计具体参考使用了Wang et al.（2010）、杨一翁和孙国辉（2013）等学者使用过的成熟量表，从"公司实力""行业地位""专业程度"和"品牌吸引力"四个方面进行反映，即采用"该公司具有很强的实力""该公司在行业内具有很高的地位""该公司是所在行业的专家"和"该公司的品牌对我具有较强的吸引力"4个题项对公司品牌形象进行测量。此外，该量表同样使用了五级语义差别量表分制形式，分值越大，表示在消费者心中该公司的公司品牌形象好，反之则越低。

3. 国家品牌形象

本书中国家品牌形象的测量也是采用了已有的成熟量表进行测量的。此项测量的题项设计具体参考使用了Roth & Romeo（1992）、孙国辉和姜浩（2014）等学者使用过的成熟量表，采用"综合国家形象""设计风格""创造性"和"质量"4个题项进行测量，即"中国在国际上拥有良好的综合国家形象""来自中国的品牌具有很好的创造性""来自中国的品牌通常有很好的设计风格"和"来自中国的品牌与产品质量很好"4个题项。该量表同样使用了五级语义差别量表分制形式，分值越大，表示在消费者心中该国的国家品牌形象越好，反之则越低。

4. 全球消费文化融入度

本书对全球消费文化融入度测量的题项设计具体参考使用了Cleveland & Laroche（2007）、吴水龙（2012）等学者使用过的成熟量表，该量表使用3个题项，即"国际品牌或外国品牌的广告对我的消费选择有很大的影响""我关注其他国家的同龄人的消费习惯"和"我喜欢购买在全世界都很受欢迎的品牌，而不是很传统的本地品牌"对消费者的全球消费文化融入程度进行测量，且该量表同样使用了五级语义差别量表分制形式，分值越大，表明消费者的全球消费文化的融入程度越高，反之则越低。

5. 产品涉入度

如前文所述，本书所讲的涉入度特指消费者的产品涉入程度。本研究对产品涉入度测量的题项设计具体参考使用了Chaiken & Maheswaran（1994）、Jain & Srinivasan（1990）、Berens et al.（2005）在以往的研究中所采用过的成熟量表，该量表具体包括了3个题项，即"对我来说，这种类型的产品很重要""对我来说，这种类型的产品很有用"和"对我来说，这种类型的产品能够给我带来很多的好处"3个题项。类似地，该量表同样使用了五级语义差别量表分制形式，分值越大，表明消费者的产品涉入度越高，反之则越低。

6. 产品熟悉度

在产品熟悉度的测量方面，本书按照消费者是否购买过或是否经常使用所选择公司的产品将消费者划分为高、低两个需求组，即高产品熟悉度需求组和低产品熟悉度需求组。表3-2是本书所有潜变量测量题项的汇总。

表3-2　潜变量测量题项

变量	测量题项
公司品牌形象	该公司具有很强的实力
	该公司在行业内具有很高的地位
	该公司是所在行业的专家
	该公司的品牌对我具有较强的吸引力
国家品牌形象	中国在国际上拥有良好的综合国家形象
	来自中国的品牌具有很好的创造性
	来自中国的品牌通常有很好的设计风格
	来自中国的品牌与产品质量很好
产品态度	产品质量：
	我认为该公司的产品非常好
	我认为该公司产品的质量非常好
	与同类产品相比，我认为该公司的产品质量更好
	我认为该公司的产品带给顾客的好处很多
	产品吸引力：
	我认为该公司的产品很具有吸引力
	我觉得该公司的产品非常合意
	我认为该公司的产品给人愉悦的感觉
	产品可靠性：
	我觉得该公司的产品很可靠
	我觉得该公司的产品能够给我安全的感觉

变量	测量题项
购买意向	如果我打算购买这种类型的产品，我首先会考虑选择该公司的产品
	我将来会购买该公司的产品
	如果有朋友打算购买此类产品，我会建议他（她）购买该公司的产品
全球消费文化融入度	国际品牌或外国品牌的广告对我的消费选择有很大的影响
	我关注其他国家的同龄人的消费习惯
	我喜欢购买在全世界都很受欢迎的品牌，而不是很传统的本地品牌
产品涉入度	对我来说，这种类型的产品很重要
	对我来说，这种类型的产品很有用
	对我来说，这种类型的产品能够给我带来很多的好处
产品熟悉度	是否购买过或是否经常使用该公司的产品

第4章　研究设计

本章基于第3章所提出的研究模型和研究假设，设计本书的研究方案，确定本书的研究对象、样本来源和数据收集方式，并简要介绍本研究所采用的数据分析方法。

4.1　问卷设计

4.1.1　问卷设计的原则

近年来，社会科学领域的很多研究都采用了定量数据的研究分析方法，这就涉及数据的搜集、统计和分析。在一手资料和数据的获得方面，问卷调查法是使用最为普遍和较为重要的定量研究方法之一，编制或使用合适的问卷是保证后续研究科学性的基础。其中，量表是一份问卷的主体，量表设计也是实证研究最为核心的内容，一般来讲，在量表设计时需要注重几个方面的问题。

首先，注重概念的操作化。对研究潜变量进行精确的度量是正式量表设计的基础和前提，其主要目的是能够便于找到量表所包含题项设计的依据，在理论上被称为概念的完整性，并在此基础上进行操作化设计。其次，注重测量题项的代表性。一般来讲，量表题项的数量越多，越有可能全面涵盖所要测量的潜在变量，但是在实际研究过程中，过多的题项数会遇到很多问题，如遇到受访者不用心作答或受访者没有足够的时间作答等情况。对于预调研问卷的题项数，DeVellis（1991）提出，如果研究者是编制或开发一个正式的测量量表，预调研题项数最好是正式题项数的3至4

倍，在一些特定内容范围中，发展量表题项具有较大的困难，或已有的相关研究显示所测量的内容不需要过多的题项，则预调研的题项数可以是正式调研题项数的1.5倍左右。对于正式量表题项数，目前并没有绝对的标准，另外，量表题项的数量，还需要考虑受访者的年龄、身心成熟度，以及受访者的时间限制等其他实际因素。最后，注重量表的信度和效度。良好的信度和效度是确保量表具有实际意义的重要条件。在研究中，很多学者都会在正式调研之前对量表的初稿进行小范围的预调研，并根据预调研的反馈结果进行详细的修正，以得到正式的调查问卷。

此外，在编制和选用问卷时，还需要考虑研究目的、数据结构等多个方面的因素，如果借鉴使用成熟问卷和量表，可根据研究的需要，对已有的问卷进行简单修订。目前，李克特式量表法是评价量表通常采用的方法，其中3点量表至7点量表所使用的频率最高、范围最广。对于具体量表法的选择，Berdie（1994）根据研究经验提出，5点量表在大多数情况下都是最可靠的。3点量表不利于区分温和意见与强烈意见，而5点量表能够较好地区分温和意见与强烈意见之间的差异；而对于超过5点的量表，一般人不具备足够的辨别力，因此对没有足够辨别力的受访者使用7点量表会丧失信度。因此，本书将采用结构化的李克特5点问卷进行调查和收集数据，每个题项陈述后面使用数字"1"至"5"表示同意程度，数值越大，表示同意程度越高。其中，"5"表示"非常同意"，"4"表示"同意"，"3"表示态度为"中立"，"2"表示"不同意"，"1"表示"完全不同意"。

4.1.2 问卷设计的流程

根据上述问卷设计的原则，在问卷题项的设计上，需要考虑以下三个方面的因素：一是需要测量概念的维度与潜在变量；二是在已有理论的基础上确定指标；三是确定观察变量与所解释变量之间的潜在概念或变量之间的关系（Bollen, 1989）。

问卷设计以本书理论研究模型中的研究变量为依据，目的是检验本书所提出的研究模型和各项研究假设。在关于品牌相关理论的研究方面，有的学者已经开发出一些具有较高信度水平和效度水平的量表。本书所涉及的所有研究变量的量表均来自国内外学者研究中使用过的成熟量表，因此本书没有涉及量表的自行开发。与此同时，在借鉴国内外学者成熟量表的基础上，结合本研究的特点，只是对以往学者量表的表述方式做了部分的调整，这样既确保问卷的信度水平和效度水平，也符合本书研究的要求。具体来讲，在本书问卷设计的过程中，首先参照了Churchill（1999）、Vazquez et al.（2002）学者的研究建议，问卷设计以相关文献为基础，整理以往各个研究的结构变量的操纵方式及量表，按照多题项的设计原则，形成初步问卷题项及问卷初稿，之后对初始问卷进行预调研，并检验问卷题项的信度和效度。之后，根据预调研结果对初始问卷进行修改，最终形成本研究的正式问卷。之后，依次进行问卷调查、问卷整理、数据分析和结果解释等相关工作。

4.2　问卷调研

4.2.1　研究对象

根据研究目的，本书是基于中国的跨国公司进行研究的，主要研究国际化视角下公司品牌形象和国家品牌形象对消费者产品评价的影响过程，重点分析全球消费文化融入度和产品涉入度在公司品牌形象和国家品牌形象对产品评价的影响关系中的调节作用，并着重探究在产品熟悉度高低不同的条件下，上述两个变量调节效应的异同。因此，样本来源主要考虑以下三个方面的问题。

首先，由本书的研究目的可以看出，研究需要涉及消费者对产品来源国国家品牌形象的评价，即对中国的国家品牌形象进行评价。为了确保被调研者能够对中国的国家品牌形象进行客观评价，避免中国的消费者对中国国家品牌形象的认知受到自身对祖国强烈情感所影响，并保证被调研者对研究中所涉及的中国的公司品牌有一定的了解，不至于因对中国的公司品牌完全陌生而出现随机作答的情况（一般情况下，很多公司品牌并非像产品品牌那样耳熟能详，很多消费者只是知道产品品牌，而对产品来源公司并不了解，如果是完全生活在国外的外国人，这种情况会更加严重，因而会加大问卷的收集困难和降低问卷的有效性），本书的样本来源是以生活在中国的外国消费者为调研对象进行展开的。Vaughn（1986）在研究全球性广告沟通效果时，通过对全球23个国家中超过两万名消费者的访谈发现，尽管广告在沟通时需要有所差别，但全世界消费者的心理过程是相似的。那么，从这个角度来讲，本书的样本选择还是可以接受的。

其次，考虑到问卷的有效性和代表性问题，本书的研究并未限定具体的品牌或行业。这是因为，消费者的产品评价是建立在对品牌直接或间接的了解基础之上的，如果设定特定的品牌或行业，可能会使大量受访者因为没有所响应的品牌而影响问卷回收的效率，这种情况在以外国消费者为调研样本的情况下会更加明显。为此，本书所设计的问卷在刺激物选择时，设置的是填空题形式，需要被调研者自行填写或选择他们较为了解的公司品牌名称或标识。特别地，由于时间关系，为了避免被调研者一时想不起公司品牌的名称，在需要填空的空格下面，问卷列举十几个典型中国跨国公司的公司品牌，以帮助唤起他们的相关记忆，如果在所列举的这些公司品牌里没有他们所响应的品牌，就需要被调研者提供他们较为了解的公司品牌的名称。

最后，为了得出更具有针对性的结论，根据研究需要，在全部调研结束后，将收集到的全部调研问卷按被调研者来源国的经济发展水平状况划分为三大类样本组分别进行对比研究。一是来自欧、美、日及澳大利亚等发达国家或地区的样本组，本书称之为发达国家样本组，这类样本组的来源国家属于世界上发达的国家，这些国家的经济、社会发展水平明显高于中国，它们的文化是世界上的主流文化。二是来自俄罗斯、拉丁美洲等中等发达国家或地区的样本组，本书称之为中等发达国家样本组，这类样本组的来源国家在经济、社会等方面的发展水平和中国相对比较接近，它们的文化虽不是世界主流文化，但社会的各个方面都处于蓬勃发展状态，社会开放程度较高，对外交流频繁。三是来自东南亚（如尼泊尔等）、非洲等欠发达国家或地区的样本组，本书称之为欠发达国家样本组，这类样本组的来源国家在社会、经济等方面的发展水平明显落后于中国，教育、文化也相对不发达，开放程度较低，比较封闭。

分样本组进行研究的理由如下。首先，由于各国的社会、经济、文化等发展程度不同，人们对产品的消费意识不同，如在经济落后的国家，消费者更注重产品的质量，而在经济发达的国家，消费者除注重产品质量外，还会更加注重产品所代表的文化内涵，如品牌、身份、地位等；其次，各国的经济、社会、文化发展程度的不同使不同地区的消费者对外交往程度不同，因而消费者的全球消费文化融入程度可能存在差异；最后，不同发展水平国家的消费者对中国的国家品牌形象的评价也可能不一致，对欧美等地的发达国家的消费者而言，中国的国家品牌形象可能有待提高，而对于欠发达国家的消费者而言，中国的国家品牌形象可能已经得到很高的认同。基于这些原因，本书认为分样本组进行研究更符合现实情况，得出的结论也会更有意义。

4.2.2　调研问卷

根据研究目的，此部分在第2章和第3章文献分析和变量定义的基础上，设计了本研究的调研问卷，正式调研问卷详见附录。Vincent（1976）提出，调查问卷的设计需要遵从两项原则：第一，问卷的开始要安排简单易答的问题，以提高受访者对问卷的兴趣，保证调查的顺利进行；第二，受访者的敏感性信息要安排在问卷调研的最后。因此，本研究按照Vincent的建议，在问卷开始安排简单易答的问题，将涉及个人基本信息相关问题的调查放到问卷的最后部分进行。本研究的正式问卷共分为三个主要部分，分别为引言、正文和受访者个人信息收集。

第一部分为问卷的引言。在问卷的引言部分将向受访的消费者详细说明此次问卷调查的内容、涵盖的范围及调研的目的，同时，还将对填答问卷的注意事项进行介绍。为确保受访的消费者能够放心填写，在此部分还将明确告知受访的消费者此次调研是采用不记名的方式进行的。

第二部分为问卷的正文部分。正文部分主要是对本书研究中所涉及的研究变量进行测量。分别说明如下：第一个所要测量的变量是"公司品牌形象"，共有4个题项，分别为"该公司具有很强的实力""该公司在行业内具有很高的地位""该公司是所在行业的专家"和"该公司的品牌对我具有较强的吸引力"；第二个所要测量的变量"国家品牌形象"，分别从"中国在国际上拥有良好的综合国家形象""来自中国的品牌具有很好的创造性""来自中国的品牌通常有很好的设计风格"和"来自中国的品牌与产品质量很高"4个题项进行测量；第三个所要测量的变量是"产品态度"，这个变量从产品质量、产品吸引力和产品可靠性三个方面进行反映，分别为"我认为该公司的产品非常好""我认为该公司的产品质量非常高""与同类产品相比，我认为该公司的产品质量更好""我认为该公司的产品带给顾客的好处很多""我认为该公司的产品很具有吸引力""我觉得该公司的产品非常合意""我认为该公司的产品给人愉悦的感觉""我觉得该公司的产品很可靠"和"我觉得该公司的产品能够给我安全的感觉"，共计9个题项进行测量；第四个所要测量的变量是"购买意向"，分别从"如果我打算购买这种类型的产品，我首先会考虑选择该公司的产品""我将来会购买该公司的产品"和"如果有朋友打算购买此类产品，我会建议他（她）购买该公司的产品"3个题项进行测量；第五个所要测量的变量是"全球消费文化融入度"，主要从"国际品牌或外国品牌的广告对我的消费选择有很大的影响""我关注其他国家同龄人的消费习惯"和"我喜欢购买在全世界都很受欢迎的品牌，而不是很传统的本地品牌"3个题项进行测量；第六个所要测量的变量是"产品涉入度"，共有3个题项，分别为"对我来说，这种类型的产品很重要""对我来说，这种类型的产品很有用"和"对我来说，这种类型的产品能够给我带来很多的好处"；第七个所要测量的变量是"产品熟悉度"，产品熟悉度的高低主要是依据消费者是否购买或是否经常使用该公司的产品进行划分。

第三部分用于获得消费者的个人信息，主要包括受访者性别、受访者年龄、受访者国籍、受访者在中国生活的年限、受访者的教育程度和受访者的个人收入6个方面。

（1）受访者性别。本研究从生理角度将消费者分为男性和女性2个组。

（2）受访者年龄。本研究在调研中按照16～24岁、25～34岁、35～44岁和45岁及以上将受访者分为4个组。

（3）受访者国籍。需要受访者填写来自的国家。

（4）受访者在中国生活的年限。本研究在调研中按照受访者在中国生活的时间（1～12个月、13～60个月、61～120个月）将受访者分为3个组。

（5）受访者的教育程度。本研究在调研中按照高中/中专以下、大学本科/大专、研究生及以上将受访的消费者分为3个组。

（6）受访者的个人月收入。本研究在调研中按照0～5000元、5001～10000元、10001～20000元和20000元以上将受访消费者分为4个组。

4.2.3　预调研

为了确保问卷设计的合理性和各个研究变量测量量表的科学性，设计完调查问卷初稿之后，首先进行了问卷的小样本的预调查，目的是检查问卷题项设计编排是否有歧义，了解被调研者是否能够正确地理解问卷各个测项的具体含义，并根据反馈信息来更正和完善相关变量的测项，使调研问卷能够更加准确和完善，以进一步提高问卷的信度水平和效度水平。由于研究对象的特殊性，样本搜集的困难较大，本次预调研共发放问卷50份，剔除信息不完整和填写明显错误的问卷，有效问卷42份，问卷回收率84%。由于本研究所有的研究变量的测量题项全部来自国内外成熟的量表，没有涉及研究变量量表的开发，问卷的信度水平和效度水平已经得到了多次检验。本部分通过SPSS19.0进行信度检验和效度检验，结果显示本次预调研问卷的信度水平和效度水平满足统计需要。实际上，由于本研究的测项全部来自成熟量表，因此本次预调研更直接的目的是检验问卷的表述方式和测项的编排顺序是否符合逻辑，在预调研过程中很多被调研者提出了以下2个问题。

（1）问卷的填写清晰度不够，个别测量题目被调研者觉得不清晰。

（2）问卷中变量测项的顺序不太合理，很多被调研者认为应该将产品态度的测量直接放在公司品牌形象测项的后面，而产品涉入度的测量应该放在购买意向的前面，且应该将国家品牌形象的测项放到问卷的最后进行评价。

根据以上问题，本书对问卷做出如下修正：首先，与被调研者充分沟通后将调研题项进行调整，力求采用平实的语言，清晰地表达问题意思；其次，对各个变量测量题项的顺序进行了调整，以进一步符合被调研者产品评价的逻辑顺序，在解决上述问题后形成最终正式的调研问卷。修正后的调研问卷详见附录。

4.3 数据分析方法

本书采用验证性因子分析和层级回归分析等方法来检验理论模型和相关假设，并借助统计分析软件SPSS和STATA等对调查数据进行研究与分析。

4.3.1 问卷的信度和效度分析方法

1. 信度分析

信度（reliability）分析主要检验两次度量结果的稳定性（stability）或一致性（consistency），即研究者对相同或相似的现象（或群体）进行不同的测量（不同形式的或不同时间的）所得结果一致性程度，并检验量表题项间的相互符合程度。信度值的大小表示人们对调查结果可信赖程度的大小。根据问卷信度测量工具的不同和测量时点的不同，可以将问卷的信度分析划分为四种。

（1）内部一致性信度（internal consistency reliability）。内部一致性信度反映的是问卷各个题项之间的相关程度，这些题项反映同一独立构念的不同侧面（王毅，2010）。可以用折半法来检验问卷的内部一致性信度。在设计问卷时，可以将原有的题目数扩充为二倍，其中有一半是另一半的重复，以被试人员对于前一半问卷与后一半问卷评分的一致性程度来判断此问卷的信度。李克特量表法常用的检验信度方法为Cronbach'a系数，其数值在0~1之间。Nunnally（1978）认为Cronbach'a系数值等于

0.70是一个可以接受的量表边界值。Devenis（1991）认为，Cronbach'a系数的数值在0.80～0.90之间信度非常好，在0.70～0.80之间信度相当好，在0.65～0.70之间是最小可接受值，Cronbach'a系数值小于0.65最好不要。Hair et al.（1998）认为，Cronbach'a系数的数值大于0.7为高信度，计量尺度中的项目数小于6时，数值大于0.6的数据也是可以接受的，0.5为最低可接受的信度水平。本书在研究过程中同样使用Cronbach'a系数取值的大小来判断信度水平。

（2）复本信度（alternate-form reliability）。复本信度是指，如果研究者设计了第二份问卷，只是用不同的测量题目来衡量和第一份问卷相同的构念，并在外部情景完全一样的情况下对相同被试人员进行测量实施。如果被试的两次测项评分之间具有很高的相关性，则能够说明该问卷具有较高的问卷信度水平。

（3）再测信度（test-retest reliability）。再测信度主要是指，在不同的时间范围，针对同样一份问卷对被试做反复的测试，根据结果间的相关程度来判断信度水平高低。

（4）复本再测信度（alternate-form retest reliability）。复本再测信度是指在问卷测试完之后，用问卷的复本在不同时点进行测试，然后根据问卷同问卷复本调查结果的相关性程度来判断问卷信度的高低。

2. 效度分析

计量量表效度的指标主要包括内容效度、标准效度、结构效度和区分效度等多种效度，其中最主要的是内容效度（content validity）和结构效度（construct validity）。

（1）内容效度。内容效度也称为表面效度，是指量表内容是否切合研究主题，这是最基本的效度。内容效度的检验方法主要为专家判断法，即由相关的专家就测量题项是否恰当进行评价，当研究所用的量表主要来自之前学者提出或使用的成熟量表时，可基本认为量表的内容效度较好。

（2）结构效度。结构效度反映问卷等测量工具能够测量理论的概念或特质的程度，评判依据是理论与测量效度的配合程度，即分析结构效度的主要目的是检验量表是否能够有效测量出研究需要度量的变量。结构效度主要包括收敛效度（convergent validity）和区分效度（discriminant validity）两个方面。其中，收敛效度涉及问卷等测量工具的周延性问题，区分效度涉及排他性问题，即测量工具是否把不相关的理论排除在外。

4.3.2 假设模型的验证方法

1. 描述性统计分析

描述性统计分析用于概括和描述所搜集到的统计数据，只需要说明总体的情况和特征，不需要对数据进行推断分析。具体而言，描述性统计分析就是整理研究所获得的数据，概括数据特征，为后续分析奠定基础。需要概括的特征主要包括频数分布、集中趋势分布、离散程度指标和反映分布形态的描述性指标等。其中，算术平均数、中位数和众数等是反映集中趋势分布的主要指标，方差、标准差、均值标准误差和极差等是反映离散程度的主要指标，偏度和峰度等是反映分布形态的主要指标。

2. 回归分析方法

回归分析（regression analysis）是确定两种或两种以上变数间相互依赖的定量关系的一种统计方法，是应用极其广泛的数据分析方法之一。本书主要应用多元回归分析的方法检验本研究中各个变量之间的关系，在回归过程中主要使用拟合优度和t检验两个指标。其中拟合优度主要运用判断系数调整R^2进行检验，其中R^2越大，表示模型中能够被解释的部分越大；t检验主要是对在一定显著水平下回归系数的检验，如t值大于给定的对应值，表明回归系数不等于零，模型中变量存在线性关系，解释变量对被解释变量有显著影响。

3. 调节变量的检验程序

在理论研究中，对于调节变量存在的重要作用和意义，专家学者等已经达成共识。如果因变量Y与自变量X的关系是变量M的函数，则可以称M为调节变量，也就是说Y与X的关系受到第三变量M的影响，变量之间的逻辑关系见下图4-1。其中，调节变量可以是定性的，也可以是定量的，它影响解释变量和被解释变量之间的关系方向（正或负）和强弱（温忠麟等，2005）。

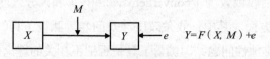

图4-1 调节变量示意图

　　涉及调节变量的检验，可以用带有乘积项的回归分析模型对调节变量进行检验（温忠麟等，2005）。具体步骤如下。①做因变量对自变量和调节变量的回归，得测定系数R_1^2。②做因变量对自变量、调节变量和自变量与调节变量的交互项的回归得R_2^2，若R_2^2显著高于R_1^2，则表明调节效应显著；或者做自变量×调节变量的偏回归系数检验，若显著，则表明调节效应显著。

　　需要特别说明的是，尽管涉及调节变量为潜变量的分层回归模型对测量误差较为敏感，结果可能会产生一定的偏差，但是这种偏差在变量的内部一致性较高时会达到最小。一般来讲，测量变量的信度水平较高时，采用分层回归模型而非结构方程模型进行数据处理，不会对研究结果造成实质性的偏差（Ping，1996；Berens et al.，2005等）。涉及上述调节变量的情况，采用分层回归模型的分析方法，在国内外权威期刊上也得到了广泛应用（如Berens et al.，2005；温忠麟等，2005；楼尊等，2010；叶宝娟等，2011等）。

第5章　数据分析

本章先对收集到的数据进行整理分析，然后检验问卷的信度和效度，再利用层级回归的数据分析方法对本研究提出的理论模型及研究假设进行分样本组检验，最后对数据分析结果进行解释和讨论。本章的数据处理过程主要运用STATA20.0和SPSS19.0等统计分析软件。

5.1　数据收集

5.1.1　样本来源

根据研究目的，本书是针对中国的跨国公司进行研究的，样本调查对象是生活在中国的外国消费者。由于本书调研样本的特殊性，本研究的数据收集全部采用现场随机发放问卷的方式进行。问卷调查于2014年7月至2015年11月期间陆续进行，问卷的发放地点和收集地点主要集中在北京的三所大学（北京语言大学、北京外国语大学和北京第二外国语学院）和外国人高聚集区的三里屯、望京咖啡厅等地方。本次调研共发放了820份（不包括预调研的50份）问卷，在剔除内容不完整的问卷或有明显错误的问卷后，最终符合本研究的有效问卷共716份，有效回收率为87.31%，问卷回收的有效率较高。

5.1.2　样本分组

在数据收集的基础上，根据研究需要，在全部调研结束后，本书将收集到的全部调研问卷按被调研者来源国的经济发展水平状况划分为三大类样本组分别进行对比研究。一是来自欧、美、日及澳大利亚等发达国家或地区的样本组，本书称之为发达国家样本组（有效样本为236份）。这类样本组的来源国家属于世界上发达的国家，这些国家的经济、社会等方面的发展水平明显高于中国。二是来自俄罗斯、拉丁美洲等中等发达国家或地区的样本组，本书称之为中等发达国家样本组（有效样本为187份）。这类样本组的来源国家在经济、社会等方面的发展水平和中国相对比较接近，但社会各个方面都处于蓬勃发展状态，社会开放程度较高，对外交流频繁。三是来自东南亚（如尼泊尔等）、非洲等欠发达国家或地区的样本组，本书称之为欠发达国家样本组（有效样本为293份）。这类样本组的来源国家在社会、经济等方面的发展水平明显落后于中国，教育、文化也相对不发达，开放程度较低，社会也比较封闭。

如前文所述，分样本组进行研究的理由如下：首先，各国的社会、经济、文化等发展程度不同，人们对产品的消费意识不同，如在经济落后的国家，消费者更注重产品的质量，而在经济发达的国家，消费者除注重产品质量外，更加注重产品所代表的文化内涵，如品牌、身份、地位等；其次，各国的经济、社会、文化发展程度的不同使不同地区的消费者对外交往程度不同，消费者的全球消费文化融入程度方面可能存在差异；最后，不同发展水平国家的消费者对中国的国家品牌形象的评价也可能不一致，对欧美等发达国家的消费者而言，中国的国家品牌形象可能有待提高，而对于欠发达国家的消费者而言，中国的国家品牌形象可能已经得到较高的认同。基于这些原因，本书认为分样本组进行研究更符合现实情况，得出的结论也会更有意义。

5.1.3 调研样本基本情况

调研样本基本情况这一部分从性别、年龄阶段、教育程度、个人收入水平及在中国生活的年限等几个方面对搜集的样本数据进行了整理分析。调研样本的基本统计学情况见表5-1所示。

从表5-1中的数据可以看出以下情况。①性别比例。在总体样本的性别构成方面，基本达到男女比例均衡。男性样本为389个，占比为54.3%；

女性样本为327个，占比为45.7%。男性样本比例略高于女性样本比例。②年龄结构。年龄在16～24年龄段的样本数为236个，占比为33.0%；年龄在25～34年龄段的样本数为261个，占比为36.5%；年龄在35～44年龄段的样本数为148个，占比为20.6%；年龄段在45岁及以上的样本数为71个，占比为9.9%。受访者年龄大部分集中在16～34岁。③教育程度。学历在高中/中专以下的样本有191个，占比为26.7%；学历为大专/本科的样本有478个，占比为66.8%；学历为研究生及以上的样本有47个，占比为6.5%。受访者的学历绝大多数为大专/本科。④个人收入。月收入0～5000元的样本有350个，占比为48.9%；月收入为5000～10000元的样本有62个，占比为8.7%；月收入为10001～2000元的样本有204个，占比为28.5%；月收入高于20000的样本有100个，占比为13.9%。由于受访者多来自学生，因此他们的月收入主要为0～5000元人民币。⑤在中国生活的年限。在中国的生活时间为1～12个月的样本数为454个，占比为63.4%；在中国的生活时间为13～60个月的样本数为217个，占比为30.3%；在中国的生活时间为61～120个月的样本数为45个，占比为6.3%。可以看出，大多数受访者在中国的生活年限小于5年。⑥按照被试者的来源国情况进行划分，即受访者的地域分布进行划分。来自欧、美、日及澳大利亚等发达国家或地区的样本数为236个，占比为33.0%；来自俄罗斯、拉丁美洲等中等发达国家或地区的样本数为187个，占比为26.1%；来自东南亚、非洲等欠发达国家或地区的样本数为293个，占比为40.9%。

表5-1 样本基本统计学状况（N=716）

基本资料		有效样本数	有效百分比（%）	累计百分比（%）
性别	男	389	54.3%	54.3%
	女	327	45.7%	100%
年龄	16～24	236	33.0%	33.0%
	25～34	261	36.5%	69.5%
	35～44	148	20.6%	90.1%
	45岁及以上	71	9.9%	100%

续表

基本资料		有效样本数	有效百分比（%）	累计百分比（%）
教育程度	高中/中专以下	191	26.7%	26.7%
	大专/本科	478	66.8%	93.5%
	研究生及以上	47	6.5%	100%
个人收入（RMB）	0～5000	350	48.9%	48.9%
	5001～10000	62	8.7%	57.6%
	10001～20000	204	28.5%	86.1%
	20000以上	100	13.9%	100%
在中国生活的年限	1～12个月	454	63.4%	63.4%
	13～60个月	217	30.3%	93.7%
	61～120个月	45	6.3%	100%
被调研者来源国	欧、美、日及澳大利亚等国家或地区（发达国家样本组）	236	33.0%	33.0%
	俄罗斯、拉丁美洲等国家或地区（中等发达国家样本组）	187	26.1%	59.1%
	东南亚、非洲等国家或地区（欠发达国家样本组）	293	40.9%	100%

5.2 问卷的信度和效度检验

根据本书的研究目的，为对不同的样本组进行有针对性的对比分析和研究，下面对调研获得的三个样本组的数据情况，即发达国家样本组、中等发达国家样本组和欠发达国家样本组分别进行信度检验和效度检验。

5.2.1 信度检验

信度分析主要是检验两次度量结果的稳定性或一致性，并检验量表题项间的相互符合程度。本书通过计算内部—致性系数（Cronbach'α系数）对测量信度进行判断。三个样本组的信度检验结果详见表5-2所示。

表5-2　研究变量衡量的信度检验结果（N=716）

变量	项数	Cronbach'α系数		
		发达国家样本组（236）	中等发达国家样本组（187）	欠发达国家样本组（293）
公司品牌形象	4	0.760	0.807	0.829
产品态度	9	0.887	0.901	0.897
产品涉入度	3	0.804	0.791	0.753
购买意向	3	0.818	0.807	0.821
全球消费文化融入度	3	0.812	0.784	0.749
国家品牌形象	4	0.771	0.818	0.814

结果显示，三个样本组的国家品牌形象、公司品牌形象、产品涉入度、消费者全球消费文化融入度和购买意向几个变量的Cronbach'α系数值为0.749 ~ 0.901，全部超过Nunnally（1978）提出的0.7的临界值。这表明各个样组的变量测量具有较好的信度水平。

5.2.2 效度检验

效度是指真实数据与理想值的差异程度，用来判断测量结果是否真正为研究所预期的结果。效度分析是判断问卷质量高低的一个重要指标，代表了量表的有效性。效度包括内容效度和结构效度，结构效度又包括收敛效度和区分效度。

1. 发达国家样本组问卷效度检验

内容效度。由于本研究中所有研究变量所采用的量表均来自国内外代表性文献中的成熟量表，经过了多次检验和应用，被认为具有较高的效度水平，因此，具有较好的内容效度。

结构效度。本书分别对问卷的收敛效度和区分效度进行检验。

（1）收敛效度。本研究对变量采用验证性因子分析（Confirmatory Factor Analysis，简称CFA）方法对收敛效度进行检验，分析结果见表5-3。从检验结果可以看出，各个变量标准载荷系数均大于0.5，且具有较高的显著性。同时，各个潜变量组合信度（Composite Reliability，简称CR）均大于0.8，平均提取方差（Average Variances Extracted，简称AVE）均大于0.5，满足了测定收敛效度的三项标准（Fornell & Larcker，1981），这表明变量测量的收敛效度较好。

表5-3 变量衡量的信度与效度检验结果-发达国家样本组（N=236）

变量	测量题项	因子载荷	t值	CR	AVE
国家品牌形象（Cronbach'α=0.771）	中国在国际上拥有良好的综合国家形象	0.765	11.091	0.834	0.556
	来自中国的品牌具有很好的创造性	0.747	10.250		
	来自中国的品牌通常有很好的设计风格	0.695	13.304		
	来自中国的品牌与产品质量很好	0.774	10.273		
公司品牌形象（Cronbach'α=0.760）	该公司具有很强的实力	0.684	11.401	0.830	0.550
	该公司在行业内具有很高的地位	0.711	12.102		
	该公司是所在行业的专家	0.752	11.312		
	该公司的品牌对我具有较强的吸引力	0.813	11.441		
产品涉入度（Cronbach'α=0.804）	对我来说，这种类型的产品很重要	0.859	9.098	0.836	0.631
	对我来说，这种类型的产品很有用	0.809	11.642		
	对我来说，这种类型的产品能够给我带来很多的好处	0.708	10.204		
全球消费文化融入度（Cronbach'α=0.812）	国际品牌或外国品牌的广告对我的消费选择有很大的影响	0.831	12.723	0.844	0.644
	我关注其他国家的同龄人的消费习惯	0.836	11.736		
	我喜欢购买在全世界都很受欢迎的品牌，而不是很传统的本地品牌	0.773	10.855		

变量	测量题项	因子载荷	t值	CR	AVE
产品态度 （Cronbach'α=0.887）					
①产品质量	我认为该公司的产品非常好	0.674	11.268		
	我认为该公司产品的质量非常好	0.721	10.632		
	与同类产品相比，我认为该公司的产品质量更好	0.693	12.215		
	我认为该公司的产品带给顾客的好处很多	0.649	12.484		
②产品吸引力	我认为该公司的产品很具有吸引力	0.663	10.088	0.903	0.512
	我觉得该公司的产品非常合意	0.762	10.497		
	我认为该公司的产品给人愉悦的感觉	0.823	11.957		
③产品可靠性	我觉得该公司的产品很可靠	0.762	8.663		
	我觉得该公司的产品能够给我安全的感觉	0.671	11.277		
购买意向 （Cronbach'α=0.818）	如果我打算购买这种类型的产品，我首先会考虑选择该公司的产品	0.816	13.607		
	我将来会购买该公司的产品	0.824	11.443	0.854	0.661
	如果有朋友打算购买此类产品，我会建议他（她）购买该公司的产品	0.799	9.535		

（2）区分效度。本书首先分析潜变量之间的相关关系，详细结果见表5-4。从表5-4可以看出，各个潜变量之间的相关系数的绝对值为0.015～0.535，且均小于AVE的平方根，这表明变量的区分效度较好。因此，总体来讲，问卷具有较好的信度和效度。

表5-4 研究变量的相关系数矩阵-发达国家样本组（*N*=236）

变量	均值	标准差	1	2	3	4	5	6
1.公司品牌形象	3.143	0.537	0.742					
2.国家品牌形象	2.973	0.654	0.431	0.746				
3.产品涉入度	3.271	0.678	0.015	0.033	0.794			
4.全球消费文化融入度	3.406	0.714	0.109	0.280	0.061	0.802		
5.产品态度	3.517	0.666	0.472	0.327	0.369	0.444	0.716	
6.购买意向	3.843	0.569	0.339	0.450	0.380	0.320	0.535	0.813

注：矩阵中对角线为各个变量AVE值的平方根，对角线以下的数据为各个潜变量的相关系数。

2. 中等发达国家样本组问卷效度检验

类似地，对中等发达国家样本组调查问卷的效度检验与上述发达国家样本组调查问卷的效度检验方法和检验步骤相同。在内容效度方面，由于三个样本组均采用同一套问卷，研究变量的量表均来自国内外代表性文献中的成熟量表，经过了多次检验和应用，因此具有较好的内容效度。

在结构效度方面，同样地分别对问卷的收敛效度和区分效度进行了检验。

（1）在收敛效度方面，对变量采用验证性因子分析方法进行检验，具体检验结果详见表5-5所示。从表5-5中的数据检验结果可以看出，各个变量标准载荷系数均大于0.5，且具有较高的显著性。同时，各个潜变量组合信度均大于0.8，平均提取方差均大于0.5，满足测定收敛效度的三项标准（Fornell & Larcker, 1981），这表明变量测量的收敛效度较好。

（2）在区分效度方面，同样地首先分析潜变量之间的相关关系，分析结果见表5-6。从表5-6中的数据可以看出，各个潜变量之间的相关系数的绝对值为0.013～0.481，且均小于AVE的平方根，这表明变量的区分效度较好。因此，总体来讲问卷具有较好的信度和效度。

表5-5 变量衡量的信度与效度检验结果-中等发达国家样本组（N=187）

变量	测量题项	因子载荷	t值	CR	AVE
国家品牌形象（Cronbach'α=0.818）	中国在国际上拥有良好的综合国家形象	0.845	10.385	0.880	0.647
	来自中国的品牌具有很好的创造性	0.821	10.307		
	来自中国的品牌通常有很好的设计风格	0.758	9.013		
	来自中国的品牌与产品质量很好	0.791	11.440		
公司品牌形象（Cronbach'α=0.807）	该公司具有很强的实力	0.816	13.233	0.877	0.642
	该公司在行业内具有很高的地位	0.805	10.211		
	该公司是所在行业的专家	0.771	8.606		
	该公司的品牌对我具有较强的吸引力	0.811	12.205		
产品涉入度（Cronbach'α=0.791）	对我来说，这种类型的产品很重要	0.854	13.603	0.841	0.640
	对我来说，这种类型的产品很有用	0.813	11.957		
	对我来说，这种类型的产品能够给我带来很多的好处	0.727	10.285		
全球消费文化融入度（Cronbach'α=0.784）	国际品牌或外国品牌的广告对我的消费选择有很大的影响	0.826	13.014	0.835	0.628
	我关注其他国家的同龄人的消费习惯	0.791	11.048		
	我喜欢购买在全世界都很受欢迎的品牌，而不是很传统的本地品牌	0.758	13.097		
产品态度（Cronbach'α=0.901）					
①产品质量	我认为该公司的产品非常好	0.794	12.105	0.908	0.526
	我认为该公司产品的质量非常好	0.652	11.723		
	与同类产品相比，我认为该公司的产品质量更好	0.791	11.213		
	我认为该公司的产品带给顾客的好处很多	0.749	10.572		

续表

变量	测量题项	因子载荷	t值	CR	AVE
②产品吸引力	我认为该公司的产品很具有吸引力	0.643	11.088		
	我觉得该公司的产品非常合意	0.744	10.852		
	我认为该公司的产品给人愉悦的感觉	0.801	9.902	0.908	0.526
③产品可靠性	我觉得该公司的产品很可靠	0.651	10.613		
	我觉得该公司的产品能够给我安全的感觉	0.679	11.385		
购买意向（Cronbach'α=0.807）	如果我打算购买这种类型的产品，我首先会考虑选择该公司的产品	0.820	12.533		
	我将来会购买该公司的产品	0.766	8.968	0.850	0.655
	如果有朋友打算购买此类产品，我会建议他（她）购买该公司的产品	0.840	10.632		

表5-6 研究变量的相关系数矩阵——中等发达国家样本组（N=187）

变量	均值	标准差	1	2	3	4	5	6
1.公司品牌形象	3.643	0.672	0.801					
2.国家品牌形象	3.551	0.620	0.422	0.804				
3.产品涉入度	3.337	0.659	0.101	0.013	0.800			
4.全球消费文化融入度	2.941	0.723	0.119	0.330	0.077	0.792		
5.产品态度	3.882	0.657	0.481	0.411	0.375	0.244	0.725	
6.购买意向	4.040	0.644	0.403	0.432	0.277	0.331	0.477	0.809

注：矩阵中对角线为各个变量AVE值的平方根，对角线以下的数据为各个潜变量的相关系数。

3. 欠发达国家样本组问卷效度检验

类似地，对欠发达国家样本组问卷的效度检验与上述效度的检验方法和检验步骤相同，检验的效度包括内容效度和结构效度。在内容效度方面，同样地由于三个样本组均采用同一套问卷，研究变量的量表均来自国内外代表性文献中的成熟量表，经过了多次检验和应用，因此具有较好的内容效度。

在结构效度方面，同样地分别对问卷的收敛效度和区分效度进行了检验。

（1）在收敛效度方面，对变量采用验证性因子分析方法进行检验，具体检验结果详见表5-7所示。从表5-7中的数据检验结果可以看出，各个变量标准载荷系数均大于0.5，且具有较高的显著性。同时，各个潜变量组合信度均大于0.8，平均提取方差均大于0.5，满足测定收敛效度的三项标准（Fornell & Larcker，1981），这表明变量测量的收敛效度较好。

（2）在区分效度方面，同样地首先分析潜变量之间的相关关系，分析结果见表5-8。从表5-8中的检验数据可以看出，各个潜变量之间的相关系数的绝对值为0.021～0.519，且均小于AVE的平方根，这表明变量的区分效度较好。因此，总体来讲问卷具有较好的信度和效度。

表5-7　变量衡量的信度与效度检验结果——欠发达国家样本组（*N*=293）

变量	测量题项	因子载荷	t值	CR	AVE
国家品牌形象 （Cronbach'α=0.814）	中国在国际上拥有良好的综合国家形象	0.815	12.207	0.862	0.609
	来自中国的品牌具有很好的创造性	0.790	11.957		
	来自中国的品牌通常有很好的设计风格	0.784	10.003		
	来自中国的品牌与产品质量很好	0.731	13.215		
公司品牌形象 （Cronbach'α=0.829）	该公司具有很强的实力	0.810	12.403	0.886	0.661
	该公司在行业内具有很高的地位	0.801	11.228		
	该公司是所在行业的专家	0.808	9.672		
	该公司的品牌对我具有较强的吸引力	0.833	14.210		
产品涉入度 （Cronbach'α=0.753）	对我来说，这种类型的产品很重要	0.766	10.611	0.828	0.617
	对我来说，这种类型的产品很有用	0.840	13.054		
	对我来说，这种类型的产品能够给我带来很多的好处	0.747	10.385		

续表

变量	测量题项	因子载荷	t值	CR	AVE
全球消费文化融入度（Cronbach'α=0.749）	国际品牌或外国品牌的广告对我的消费选择有很大的影响	0.687	11.084	0.809	0.588
	我关注其他国家的同龄人的消费习惯	0.838	11.358		
	我喜欢购买在全世界都很受欢迎的品牌，而不是很传统的本地品牌	0.767	10.897		
产品态度（Cronbach'α=0.897）					
①产品质量	我认为该公司的产品非常好	0.787	13.261		
	我认为该公司产品的质量非常好	0.695	12.634		
	与同类产品相比，我认为该公司的产品质量更好	0.701	12.205		
	我认为该公司的产品带给顾客的好处很多	0.707	10.489		
②产品吸引力	我认为该公司的产品很具有吸引力	0.811	13.081	0.917	0.552
	我觉得该公司的产品非常合意	0.808	11.497		
	我认为该公司的产品给人愉悦的感觉	0.715	8.952		
③产品可靠性	我觉得该公司的产品很可靠	0.712	10.611		
	我觉得该公司的产品能够给我安全的感觉	0.741	9.288		
购买意向（Cronbach'α=0.821）	如果我打算购买这种类型的产品，我首先会考虑选择该公司的产品	0.849	14.535	0.865	0.682
	我将来会购买该公司的产品	0.803	13.268		
	如果有朋友打算购买此类产品，我会建议他（她）购买该公司的产品	0.824	10.632		

表5-8 研究变量的相关系数矩阵——欠发达国家样本组（$N=293$）

变量	均值	标准差	1	2	3	4	5	6
1.公司品牌形象	4.144	0.556	0.813					
2.国家品牌形象	3.971	0.661	0.484	0.780				
3.产品涉入度	3.071	0.608	0.072	0.045	0.785			
4.全球消费文化融入度	2.881	0.709	0.101	0.191	0.021	0.767		
5.产品态度	4.052	0.605	0.493	0.455	0.203	0.398	0.743	
6.购买意向	4.013	0.597	0.477	0.379	0.294	0.306	0.519	0.826

注：矩阵中对角线为各个变量AVE值的平方根，对角线以下的数据为各个潜变量的相关系数。

特别地，由于本书所涉及的全部研究变量均是通过一份调查问卷进行的数据收集，且同一份问卷中的所有变量的测量题项均由同一名被调研者进行填写，因此可能会产生同源性方差的问题。为了检验同源性方差的程度，本书使用Harman单因素检测方法。Podsakoff和Organ（1986）研究指出：如果一个总因子的特征值在所有变量中占有绝大多数的协方差比率，则表明存在显著的同源偏差问题；如果第一个因子的方差解释率低于50%，则表明同源性方差不严重。本书借助SPSS19.0统计分析软件进行检验，将问卷中的所有测量题项一起做因子分析，在未旋转时得到第一个主成分占到的载荷量是33.26%，并没有占到多数，这说明本研究数据的同源性偏差问题不严重，不会对研究结论造成实质性的影响。

5.3 假设检验

根据研究目的，本书研究的侧重点是产品涉入度、全球消费文化融入度和产品熟悉度三个变量在公司品牌形象和国家品牌形象对产品评价影响关系中的调节效应。为了检验本书的研究模型和相关研究假设，本书通过构建层级回归分析模型对各个变量之间的关系进行检验，并根据数据回归结果和假设验证情况进行分析和讨论。本书对因变量产品评价的测量是参考Petroshius & Monroe（1987）、Berens et al.（2005）、卢泰宏和吴水龙（2009）等学者研究中所使用过的成熟五点李克特量表，且测项之间的相关程度较高，因此从理论上讲在分值上可以进行平均化处理。此外，上文计算的各个测量指标的Cronbach'α系数值具有较高的信度水平，各个指标题项的相关性也较高，进一步说明各个测量题项的分值可以进行平均化处理。因此，本书采用产品态度和购买意向得分的平均值对产品评价进行衡量，并在此基础上验证本书的研究假设。

5.3.1　假设检验1-发达国家样本组

假设检验1针对来自欧、美、日及澳大利亚等发达国家或地区样本组的调研数据进行分析和讨论。具体来讲，首先，分析公司品牌形象和国家品牌形象对产品评价的直接影响效应；其次，在公司品牌形象和国家品牌形象对产品评价的直接影响效应分析基础上，依次检验产品涉入度、全球消费文化融入度和产品熟悉度三个变量的调节效应；最后，对假设检验结果进行分析和讨论。此外，为了方便对回归结果进行解读并降低回归过程中多重共线性的影响，在回归分析之前，本书首先对各个连续变量按均值进行了数据中心化处理，并对回归系数进行了标准化处理。

1. 假设检验分析

（1）产品涉入度调节效应检验

首先，直接效应分析。为检验公司品牌形象和国家品牌形象对产品评价的直接影响效应，以产品评价作为因变量，将公司品牌形象、国家品牌形象和控制变量（性别、年龄、收入、学历和在中国生活的年限，以下简称"生活年限"）作为自变量同时加入回归模型，数据回归结果见表5-9模型（1）。可以看出，在控制了人口统计学因素的影响后，公司品牌形象（$\beta=0.23$，$t=3.64$）和国家品牌形象（$\beta=0.14$，$t=2.17$）对消费者的产品评价有显著的正向影响，这说明公司品牌形象越好，消费者对来自该公司的产品评价就越高，产品来源国的国家品牌形象越好，消费者对于来自该国产品的评价也越高，这与已有学者的研究结论相一致。因此，假设H1和假设H2得到了验证。此外，通过比较标准化回归系数的大小可以看出，公司品牌形象对产品评价的影响效应明显高于国家品牌形象对产品评价的影响效应。这说明，对于欧、美、日及澳大利亚等发达国家或地区的消费者而言，公司品牌形象和国家品牌形象都是其产品评价的重要外部线索，但公司品牌形象在消费者产品评价过程中所发挥的影响效应要大于国家品牌形象在消费者产品评价过程中所发挥的影响效应。这也进一步反映了消费者的消费理性行为，即消费者在产品购买决策过程中更看重的是产品来源企业的自身实力，中国国家品牌形象的"刻板效应"并没有占上风。因此，假设H3得到了验证。

其次，产品涉入度的调节作用分析。为了检验产品涉入度在公司品牌形象和国家品牌形象对产品评价影响关系中的调节作用，本节建立分层回归模型，在表5-9模型（1）的基础上，分别引入公司品牌形象和产品涉入度的交互项、国家品牌形象和产品涉入度的交互项到回归方程，试图探讨对于产品涉入度不同的消费者而言，公司品牌形象和国家品牌形象对产品评价的影响作用如何变化，回归结果见表5-9模型（2）。数据显示，随着交互项的引入，模型调整后R^2逐步增加，调整后R^2从模型（1）的0.30增加到模型（2）的0.34，这表明加入交互项后回归模型得到了更好的拟合，模型能够更好地解释消费者的产品评价。

从表5-9模型（2）的回归结果可以看出，在控制了人口统计学因素的影响后，公司品牌形象和产品涉入度两者的交互项对产品评价具有显著的负向影响（$\beta=-0.05$，$t=-1.99$），国家品牌形象和产品涉入度两者的交互项对产品评价也具有显著的负向影响（$\beta=-0.10$，$t=-2.23$），即消费者的产品涉入度越高，公司品牌形象和国家品牌形象对产品评价的影响越弱。这说明，消费者的产品涉入度越高，越会花更多的时间和精力了解产品本身的真实属性，更多地看重产品本身的性价比，而作为消费者产品评价的外部线索，公司品牌形象和国家品牌形象对消费者产品评价的影响效应将会减弱。因此，假设H4和假设H5得到了验证。此外，通过比较模型（2）中两个交互项的系数大小还可以看出，产品涉入度对国家品牌形象的调节效应要大于对公司品牌形象的调节效应，这进一步说明国家品牌形象对消费者产品评价的影响更具有不确定性，当消费者的产品涉入度较高时，国家品牌形象作为一个外部线索的参考价值将明显降低。

表5-9　产品涉入度调节作用检验-发达国家样本组（N=236）

变量	因变量：产品评价			
	模型（1）		模型（2）	
	β系数	t值	β系数	t值
控制变量				
性别	0.12	0.70	0.14	0.81
年龄	0.11**	2.02	0.07*	1.90
教育程度	0.04	0.23	0.04	0.25
收入	0.01*	1.81	0.02*	1.84
生活年限	0.07	0.98	0.07	0.98
第一步（主效应）				
公司品牌形象	0.23***	3.64	0.27***	4.11
国家品牌形象	0.14**	2.17	0.20**	2.48
产品涉入度	0.09*	1.86	0.13**	2.07
第二步（调节效应）				
公司品牌形象×产品涉入度			−0.05**	−1.99
国家品牌形象×产品涉入度			−0.10**	−2.23
调整R^2	0.30		0.34	
Observations	236		236	

注：表中为标准化回归系数β，t-statistics in parentheses　*** $p<0.01$，** $p<0.05$，* $p<0.1$。

（2）全球消费文化融入度调节效应检验

为了检验全球消费文化融入度（下文简称"文化融入度"）在公司品牌形象和国家品牌形象对产品评价影响关系中的调节作用，本书沿用前面的做法，继续将产品评价作为因变量，分别引入公司品牌形象和文化融入度的交互项、国家品牌形象和文化融入度的交互项到回归方程，建立层级回归模型，以观察对于文化融入度不同的消费者而言，公司品牌形象和国家品牌形象对产品评价的影响作用如何变化，回归结果见表5-10模型（2）。由于公司品牌形象和国家品牌形象对产品评价的直接影响效应已经在上文"产品涉入度调节效应检验"部分进行了全面分析，此处不再累述二者对产品评价的直接影响效应，这里主要分析全球消费文化融入度在公司品牌形象和国家品牌形象对产品评价影响过程中的调节作用。模型（2）的数据显示，随着交互项的引入，模型调整后R^2逐步增加，模型调整后R^2从模型（1）的0.28增加到模型（2）的0.32，这表明加入交互项后模型得到了更好的拟合，模型能够更好地解释消费者的产品评价。

表5-10　全球消费文化融入度的调节作用检验-发达国家样本组（N=236）

变量	因变量：产品评价			
	模型（1）		模型（2）	
	β系数	t值	β系数	t值
控制变量				
性别	0.12	0.72	0.16	0.87
年龄	0.08*	1.90	0.10**	2.09
教育程度	0.06	0.30	0.08	0.42
收入	0.01*	1.82	0.01*	1.80
生活年限	0.06	0.90	0.06	0.91
第一步（主效应）				
公司品牌形象	0.22***	3.60	0.23***	3.70
国家品牌形象	0.15**	2.20	0.12**	2.11
文化融入度	0.06	1.57	0.14*	1.86
第二步（调节效应）				
公司品牌形象 × 文化融入度			0.02	0.65
国家品牌形象 × 文化融入度			0.08	1.07
调整R^2	0.28		0.32	
Observations	236		236	

注：表中为标准化回归系数β，t-statistics in parentheses *** $p<0.01$，** $p<0.05$，* $p<0.1$。

从表5-10模型（2）的回归结果可以看出，在控制了人口统计学因素的影响后，公司品牌形象和文化融入度两者之间的交互作用不具有显著性（$\beta=0.02$，$t=0.65$），国家品牌形象和文化融入度两者之间的交互作用也不显著（$\beta=0.08$，$t=1.07$）。这说明，文化融入度在公司品牌形象和国家品牌形象对产品评价的影响关系中不具有明显的调节作用。这可能是因为，对于欧、美、日及澳大利亚等发达国家或地区的消费者而言，中国的产品并不具备真正全球品牌的吸引力，不太符合世界流行趋势，购买和消费中国的产品不能成为他们界定自己是"全球社群"成员的一种标志，他们在对来自中国的产品进行评价时，全球消费文化融入度的调节作用并不明显。因此，假设H6和假设H7都没有得到验证。

（3）产品熟悉度调节效应检验

为了检验产品熟悉度的调节作用，即产品涉入度和全球消费文化融入度发挥调节作用的条件效应，本节继续采用层级回归分析方法进行逐步检验。首先，以产品评价作为因变量，在引入控制变量（性别、年龄、收入、学历和生活年限）的基础上，将公司品牌形象、国家品牌形象、产品熟悉度、全球消费文化融入度和产品涉入度作为自变量进行回归，得到表5-11中的模型（1）；其次，将产品评价作为因变量，在表5-11模型（1）的基础上分别引入公司品牌形象、国家品牌形象、产品熟悉度、全球消费文化融入度和产品涉入度五个变量之间的两两交互项到回归方程，得到模型（2）；最后，在表5-11模型（2）的基础上引入公司品牌形象、国家品牌形象、产品熟悉度、全球消费文化融入度和产品涉入度五个变量之间的三项交互项到回归方程，得到模型（3）。观察表5-11中的数据可以看出，随着交互项的引入，调整后R^2逐步增大，调整后R^2从模型（1）的0.32增加到模型（2）的0.41再增加到模型（3）的0.44，这说明逐步加入交互项后，模型得到了更好的拟合，能够更好地解释消费者的产品评价。

由于前文在"产品涉入度调节效应检验"和"全球消费文化融入度调节效应检验"研究部分（详见表5-9和表5-10）已经分别对产品涉入度和全球消费文化融入度两个变量在公司品牌形象和国家品牌形象对产品评价影响关系中的调节作用做了全面分析，此处对表5-11中模型（1）和模型

（2）中的数据回归结果不再赘述，将主要分析产品熟悉度的调节作用。

在公司品牌形象方面，从表5-11模型（3）的回归结果可以看出以下情况。①公司品牌形象、产品涉入度和产品熟悉度三者之间存在正向显著的交互作用（β=0.14, t=2.20），这说明产品熟悉度正向调节产品涉入度的调节效应强度，是产品涉入度发挥调节作用的一个外部条件。因此，假设H8得到了初步验证。②公司品牌形象、全球消费文化融入度和产品熟悉度三者之间的交互作用不显著（β=–0.08, t=–0.95），这说明产品熟悉度的高低并不是全球消费文化融入度在公司品牌形象对产品评价影响关系中发挥调节作用的一个外部条件，即不论消费者产品熟悉度是高是低，全球消费文化融入度都不是公司品牌形象对产品评价影响关系中的一个调节变量。因此，假设H9没有得到完全验证。

表5-11　产品熟悉度调节作用的逐步回归结果-发达国家样本组（N=236）

变量	模型（1）		模型（2）		模型（3）	
	β系数	t值	β系数	t值	β系数	t值
控制变量						
性别	0.09	0.63	0.10	0.67	0.09	0.59
年龄	0.10*	1.96	0.12**	2.10	0.05	0.92
教育程度	0.04	0.25	0.02	0.18	0.03	0.24
收入	0.01*	1.81	0.06**	1.99	0.02*	1.93
生活年限	0.07	0.92	0.06	0.82	0.07	0.89
第一步（主效应）						
公司品牌形象	0.25***	3.72	0.22***	3.58	0.20**	2.50
国家品牌形象	0.15**	2.26	0.19**	2.43	0.17**	2.32
产品熟悉度	0.04	1.50	0.10	1.76	0.09	1.61
产品涉入度	0.10*	1.91	0.31***	4.64	0.33***	4.69
文化融入度	0.08	1.69	0.13*	1.81	0.10	1.73
第二步（调节效应）						
公司品牌形象×产品涉入度			–0.11**	–2.03	–0.20***	–3.11

续表

变量	模型（1）		模型（2）		模型（3）	
	β系数	t值	β系数	t值	β系数	t值
公司品牌形象×文化融入度			0.02	0.87	0.08	1.42
公司品牌形象×产品熟悉度			−0.20**	−2.04	−0.09*	−1.84
国家品牌形象×产品涉入度			−0.18***	−3.16	−0.22***	−3.36
国家品牌形象×文化融入度			0.09	1.11	0.18**	2.42
国家品牌形象×产品熟悉度			−0.24***	−3.03	−0.17**	−2.34
产品涉入度×产品熟悉度			−0.13	−1.29	−0.06	−0.48
文化融入度×产品熟悉度			−0.07	−0.58	−0.15	−1.50
公司品牌形象×产品涉入度×产品熟悉度					0.14**	2.20
公司品牌形象×文化融入度×产品熟悉度					−0.08	−0.95
国家品牌形象×产品涉入度×产品熟悉度					0.30***	3.23
国家品牌形象×文化融入度×产品熟悉度					−0.13	−1.09
调整R^2	0.32		0.41		0.44	
Observations	236		236		236	

注：表中为标准化回归系数β，t-statistics in parentheses ***$p<0.01$，**$p<0.05$，*$p<0.1$。

在国家品牌形象方面，从表5-11模型（3）的回归结果还可以看出以下情况。①国家品牌形象、产品涉入度和产品熟悉度三者之间存在正向显著的交互作用（$\beta=0.30$，$t=3.23$），这说明产品熟悉度正向调节产品涉入度的调节效应强度，是产品涉入度在国家品牌形象对产品评价影响关系中发挥调节作用的一个外部条件。因此，假设H10得到了初步验证。②国家品牌形象、全球消费文化融入度和产品熟悉度三者之间的交互作用不显著（$\beta=-0.13$，$t=-1.09$），这说明产品熟悉度的高低并不是全球消费文化融入度在国家品牌形象对产品评价影响关系中发挥调节作用的一个外部条件，即不论消费者产品熟悉度是高是低，全球消费文化融入度都不是国家品牌形象对产品评价影响关系中的一个调节变量。因此，假设H11没有得到完全验证。

（4）产品熟悉度调节效应分组检验

为了进一步检验本书假设中所提到的全球消费文化融入度和产品涉入度两个变量在消费者不同的产品熟悉度情况下会发挥不同的调节效应，本节按消费者的产品熟悉度高低（被调研者是否购买或是否经常使用所评价的产品）进行分组检验，数据检验结果详见表5-12所示。

表5-12 不同产品熟悉度情况下分组检验-发达国家样本（N=236）

变量	低产品熟悉度				高产品熟悉度			
	模型（4）		模型（5）		模型（6）		模型（7）	
	β系数	t值	β系数	t值	β系数	t值	β系数	t值
公司品牌形象	0.37**	2.47	0.33**	2.25	0.20**	2.02	0.25**	2.08
国家品牌形象	0.19*	1.91	0.23*	1.98	0.11	1.04	0.07	0.91
产品涉入度	0.20*	1.86	0.17*	1.89	0.08	0.93	0.12*	1.82
文化融入度	0.08	0.56	0.11	0.70	0.05	0.77	0.06	0.81
公司品牌形象×产品涉入度			−0.21**	−2.00			−0.09	−0.54
公司品牌形象×文化融入度			0.08	0.45			0.04	0.29
国家品牌形象×产品涉入度			−0.35***	−3.01			−0.03	−0.45
国家品牌形象×文化融入度			0.14	0.69			0.13	0.48
调整 R^2	0.28		0.34		0.18		0.23	
Observations	141		141		95		95	

注：表中为标准化回归系数β，t-statistics in parentheses *** $p<0.01$, ** $p<0.05$, * $p<0.1$。

在公司品牌形象方面，从表5-12模型（5）和模型（7）的回归结果可以看出以下情况。①在消费者低产品熟悉度的条件下，公司品牌形象和产品涉入度之间存在负向显著的交互作用（ $\beta=-0.21$, $t=-2.00$ ），这说明对于产品熟悉度较低的消费者而言，产品涉入度在公司品牌形象对产品评价的影响关系中发挥负向显著的调节作用，即消费者的产品涉入度越低，公司品牌形象对消费者产品评价的影响作用越大。因此，假设H8a得到了验证。②在消费者高产品熟悉度的条件下，公司品牌形象和产品涉入度之间的交互作用不显著（$\beta=-0.09$，$t=-0.54$），这说明在消费者的产品熟悉度高时，产品涉入度的调节作用受到抑制。因此，假设H8b得到了验证。总体来讲，假设H8得到了完全验证。③在消费者低产品熟悉度的条件下，公司品牌形象和全球消费文化融入度之间的交互作用不显著（$\beta=0.08$，$t=0.45$），这说明在低产品熟悉度的情况下，全球消费文化融入度在公司品牌形象对产品评价的影响关系中不存在调节作用。④在消费者高产品熟悉度的条件下，公司品牌形象和全球消费文化融入度之间的交互作用也不显著（$\beta=0.04$，$t=0.29$），这与前文得出的结果相一致，即全球消费文化融入度在公司品牌形象对产品评价的影响关系中不具有显著的调节作用，且这种关系独立于消费者产品熟悉度的高低。因此，假设H9a没有得到验证，假设H9b得到了验证。总体来讲，假设H9得到部分验证。

在国家品牌形象方面，从表5-12模型（5）和模型（7）的回归结果可以看出以下情况。①在消费者低产品熟悉度的情况下，国家品牌形象和产品涉入度之间存在负向显著的交互作用（$\beta=-0.35$，$t=-3.01$），这说明对于产品熟悉度较低的消费者而言，产品涉入度在国家品牌形象对消费者产品评价影响关系中发挥负向调节作用，即消费者的产品涉入度越低，国家品牌形象对消费者产品评价的影响作用越大。因此，假设H10a得到了验证。②在消费者高产品熟悉度的情况下，国家品牌形象和产品涉入度之间的交互作用不显著（$\beta=-0.03$，$t=-0.45$），这说明在消费者产品熟悉度高的情形下，国家品牌形象对产品评价的影响不受产品涉入度的调节，即产品涉入度在国家品牌形象对消费者产品评价影响关系中的调节效应受到抑制。因此，假设H10b得到了验证。总体来讲，假设H10得到了完全验证。③在消费者低产品熟悉度的情况下，国家品牌形象和全球消费文化融入度之间的交互作用不显著（$\beta=0.14$，$t=0.69$），这说明在低产品熟悉度的情况下，全球消费文化融入度在国家品牌形象对产品评价的影响关系中不存在调节作用。④在消费者高产品熟悉度的情况下，国家品牌形象和全球消费文化融入度之间的交互作用也不显著（$\beta=0.13$，$t=0.48$），这说明全球消费文化融入度在国家品牌形象对产品评价的影响关系中不具有显著的调节作用，且这种关系独立于消费者的产品熟悉度高低。因此，假设H11a没有得到验证，假设H11b得到了验证。总体来讲，假设H11得到了部分验证。

2. 假设检验小结

在以欧、美、日及澳大利亚等发达国家或地区的消费者为调研样本的情况下，上面对本书提出的11个假设进行了检验。其中，假设H6、假设H7、假设H9a、假设H11a没有得到验证，假设H9、假设H11得到部分验证，其余假设都得到了完全验证，具体假设检验结果汇总情况详见表5-13。

表5-13 研究假设检验结果-发达国家样本组

假设		内容	结论
主效应	H1	公司品牌形象显著正向影响消费者的产品评价	支持
	H2	国家品牌形象显著正向影响消费者的产品评价	支持
	H3	在其他条件相同的情况下，公司品牌形象对产品评价的影响效应大于国家品牌形象对产品评价的影响效应	支持
产品涉入度调节效应	H4	产品涉入度显著负向调节公司品牌形象对消费者产品评价的影响效应	支持
	H5	产品涉入度显著负向调节国家品牌形象对消费者产品评价的影响效应	支持
文化融入度调节效应	H6	全球消费文化融入度显著正向调节公司品牌形象对消费者产品评价的影响效应	不支持
	H7	全球消费文化融入度显著正向调节国家品牌形象对消费者产品评价的影响效应	不支持
公司品牌形象×产品涉入度×产品熟悉度	H8	在不同的产品熟悉度条件下，产品涉入度在公司品牌形象对产品评价的影响关系中产生不同的调节作用	支持
	H8a	当产品熟悉度低时，产品涉入度反向调节公司品牌形象对产品评价的影响关系，即产品涉入度越高，公司品牌形象对产品评价的影响越弱	支持
	H8b	当产品熟悉度高时，公司品牌形象对产品评价的影响不受产品涉入度的调节	支持

续表

假设		内容	结论
公司品牌形象×文化融入度×产品熟悉度	H9	在不同的产品熟悉度条件下，全球消费文化融入度在公司品牌形象对产品评价的影响关系中产生不同的调节作用	部分支持
	H9a	当产品熟悉度低时，全球消费文化融入度正向调节公司品牌形象对产品评价的影响关系，即全球消费文化融入度越高，公司品牌形象对产品评价的影响越强	不支持
	H9b	当产品熟悉度高时，公司品牌形象对产品评价的影响不受全球消费文化融入度的调节	支持
国家品牌形象×产品涉入度×产品熟悉度	H10	在不同的产品熟悉度条件下，产品涉入度在国家品牌形象对产品评价的影响关系中产生不同的调节作用	支持
	H10a	当产品熟悉度低时，产品涉入度反向调节国家品牌形象对产品评价的影响关系，即产品涉入度越高，国家品牌形象对产品评价的影响越弱	支持
	H10b	当产品熟悉度高时，国家品牌形象对产品评价的影响不受产品涉入度的调节	支持
国家品牌形象×文化融入度×产品熟悉度	H11	在不同的产品熟悉度条件下，全球消费文化融入度在国家品牌形象对产品评价的影响关系中产生不同的调节作用	部分支持
	H11a	当产品熟悉度低时，全球消费文化融入度正向调节国家品牌形象对产品评价的影响关系，即全球消费文化融入度越高，国家品牌形象对产品评价的影响越强	不支持
	H11b	当产品熟悉度高时，国家品牌形象对产品评价的影响不受全球消费文化融入度的调节	支持

图5-1把以欧、美、日及澳大利亚等发达国家或地区的消费者为调研样本（样本1）的数据检验结果反映在本书提出的研究模型的图形中。其中，实线为实证检验证明存在显著性的影响，虚线表明相关影响未获得验证或未获得完全验证。总体来讲，本研究提出的绝大多数假设都得到了验证，表明本书所做的理论分析是基本成立的。

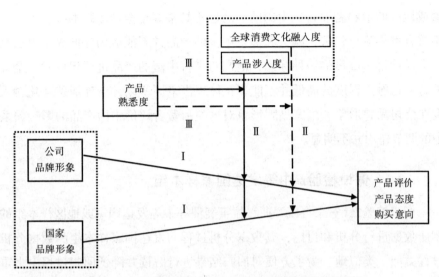

图5-1 （发达国家样本组）研究假设路径验证示意图

3. 未得到验证假设的讨论

根据假设验证情况可以看出，文中假设H6、H7、H9a和H11a所讲的内容在本质上都是全球消费文化融入度的调节作用，因此本书对这几个未被验证的假设进行统一分析。本书的实证检验结果显示，在以欧、美、日及澳大利亚等发达国家或地区的消费者为样本的情况下，全球消费文化融入度在公司品牌形象和国家品牌形象对产品评价的影响关系中不具备显著的调节作用，这与之前很多学者的研究发现有所不同。究其原因，本书认为有两个方面。一方面，可能与研究视角有关，以往国内外学者在针对公司品牌形象或国家品牌形象进行研究时，所涉及的国家多为欧美等发达国家的跨国公司，而本书是针对中国的跨国公司进行研究的。中国市场环境与欧美等发达国家市场环境存在很多差异，且中国的公司品牌形象和国家品牌形象还没有像发达国家的公司品牌形象和国家品牌形象那样在消费者心中根深蒂固，还没有建立起强势的品牌形象。因此，研究视角的不同可能使本书的研究结论和已有学者的研究结论存在一定的偏差。另一方面，可能与样本来源有关，此部分的研究样本来源于欧、美、日及澳大利亚等发达国家或地区，而以往的研究很少涉及发达国家的消费者对发展中国家的产品进行评价。因此，这可能是由于对于欧、美、日及澳大利亚等发达国家或地区的消费者而言，中国的产品还不具备真正全球品牌的吸引力，并不符合世界流行趋势，购买和消费中国的产品并不能成为他们界定自己是"全球社群"成员的一种标志，他们对来自中国的产品进行评价时，全球消费文化融入程度的高低并不能真正体现出来。所以，全球消费文化融入度在公司品牌形象和国家品牌形象对这类消费者评价中国产品的影响关系中的调节作用并不明显。

5.3.2 假设检验2-中等发达国家样本组

假设检验2针对来自俄罗斯、拉丁美洲等中等发达国家或地区样本组的调研数据进行分析和讨论，其数据分析过程与发达国家样本组的数据分析过程类似。类似地，为了方便对回归结果进行解读并降低回归过程中多重共线性的影响，在回归分析之前对各个连续变量按均值进行了数据中心化处理，并对回归系数进行了标准化处理。

1.假设检验分析

（1）产品涉入度调节效应检验

首先，直接效应分析。与前文的分析相类似，为了检验公司品牌形象和国家品牌形象对产品评价的直接影响效应，此处继续以产品评价作为因变量，将公司品牌形象、国家品牌形象和控制变量（性别、年龄、收入、学历和生活年限）作为自变量同时加入回归模型，数据回归结果见表5-14模型（1）。数据显示，在控制了人口统计学因素的影响后，得出了与发达国家样本组相一致的结论，即公司品牌形象（$\beta=0.27$, $t=3.76$）和国家品牌形象（$\beta=0.20$, $t=2.35$）对消费者的产品评价有显著的正向影响，这说明公司品牌形象越好，消费者对来自该公司的产品评价就越高，产品来源国的国家品牌形象越好，消费者对于来自该国产品的评价也越高。因此，在以中等发达国家的消费者为样本的情况下，假设H1和假设H2也同样得到了验证。此外，在该样本组中，通过比较公司品牌形象和国家品牌形象的标准化回归系数可以看出，公司品牌形象对产品评价的影响效应也明显高于国家品牌形象对产品评价的影响效应。这说明对于来自俄罗斯、拉丁美洲等中等发达国家或地区的消费者而言，相对于中国的国家品牌形象对产品评价的影响，产品来源公司的公司品牌形象对此类消费者产品评价影响效应也更大。这也进一步说明，在以俄罗斯、拉丁美洲等中等发达国家或地区的消费者为样本的情况下，消费者在产品评价过程中也更看重产品来源企业的自身实力，国家品牌形象的"刻板效应"并没有占上风，这与以欧、美、日及澳大利亚等发达国家或地区的消费者为调研样本所得出的结论相类似。因此，假设H3得到了验证。

其次，产品涉入度的调节作用分析。为了检验产品涉入度在公司品牌形象和国家品牌形象对产品评价影响关系中的调节作用，在表5-14模型（1）的基础上分别引入公司品牌形象和产品涉入度的交互项、国家品牌形象和产品涉入度的交互项到回归方程，试图探讨对于产品涉入度不同的消费者而言，公司品牌形象和国家品牌形象对产品评价的影响作用如何变化，回归结果见表5-14模型（2）。可以看出，随着交互项的引入，模型调整后R^2逐步增加，调整后R^2从模型（1）的0.29增加到模型（2）的0.32，这表明加入交互项后回归模型得到了更好的拟合，模型能够更好地解释消费者的产品评价。

表5-14 产品涉入度调节作用检验-中等发达国家样本组（N=187）

变量	产品评价			
	模型（1）		模型（2）	
	β系数	t值	β系数	t值
控制变量				
性别	0.10	0.83	0.16	0.95
年龄	0.06	1.05	0.04	0.76
教育程度	0.05	0.33	0.08	1.04
收入	0.02**	2.00	0.01*	1.90*
生活年限	0.05	0.46	0.05	0.50
第一步（直接效应）				
公司品牌形象	0.27***	3.76	0.32***	4.39
国家品牌形象	0.20**	2.35	0.28***	3.62

续表

变量	产品评价			
	模型（1）		模型（2）	
	β系数	t值	β系数	t值
产品涉入度	0.13*	1.82	0.17*	1.91
第二步（调节效应）				
公司品牌形象×产品涉入度			−0.09**	−2.02
国家品牌形象×产品涉入度			−0.16**	−2.14
Observations	187		187	
调整R^2	0.29		0.32	

注：表中为标准化回归系数β，t-statistics in parentheses *** $p<0.01$，** $p<0.05$，* $p<0.1$。

从表5-14模型（2）的回归结果可以看出，在控制了人口统计学因素的影响后，公司品牌形象和产品涉入度两者的交互项对产品评价具有显著的负向影响（$\beta=-0.09$，$t=-2.02$），国家品牌形象和产品涉入度两者的交互项对产品评价也具有显著的负向影响（$\beta=-0.16$，$t=-2.14$），即消费者的产品涉入度越高，公司品牌形象和国家品牌形象对产品评价的影响越弱，这与以发达国家消费者为样本组的研究结论相一致。因此，假设H4和假设H5得到了全部验证。

（2）全球消费文化融入度调节效应检验

类似地，为了检验全球消费文化融入度在公司品牌形象和国家品牌形象对产品评价影响关系中的调节作用，本节将产品评价作为因变量，在引入控制变量（性别、年龄、收入、学历和生活年限）的基础上，分别引入公司品牌形象、国家品牌形象、全球消费文化融入度及它们之间的交互项，建立层级回归模型，回归结果见表5-15模型（2）。数据显示，随着交互项的引入，模型调整后R^2逐步增加，模型调整后R^2从模型（1）的0.30增加到模型（2）的0.32，这表明加入交互项后模型得到了更好的拟合。

表5-15　全球消费文化融入度调节作用检验-中等发达国家样本组（N=187）

变量	产品评价			
	模型（1）		模型（2）	
	β系数	t值	β系数	t值
控制变量				
性别	0.10	0.82	0.18	0.99
年龄	0.07	1.17	0.06	1.20
教育程度	0.05	0.33	0.04	0.32
收入	0.02**	2.04	0.01*	1.87
生活年限	0.05	0.47	0.06	0.63
第一步（主效应）				
公司品牌形象	0.30***	4.01	0.22**	2.55
国家品牌形象	0.21**	2.35	0.20**	2.14
文化融入度	0.09*	1.88	0.12*	1.96
第二步（调节效应）				
公司品牌形象×文化融入度			0.18**	2.01
国家品牌形象×文化融入度			0.07	1.22
调整R²	0.30		0.32	
Observations	187		187	

注：表中为标准化回归系数β，t-statistics in parentheses ***$p<0.01$，**$p<0.05$，*$p<0.1$。

从表5-15模型（2）的回归结果可以看出，在控制了人口统计学因素的影响后，公司品牌形象和全球消费文化融入度两者之间具有显著的正向交互作用（$\beta=0.18$，$t=2.01$），这说明消费者的全球消费文化融入度越高，公司品牌形象对产品评价的影响越强。因此，假设H6得到了验证。继续观察模型（2）还可以看出，国家品牌形象和全球消费文化融入度两者之间的交互作用不显著（$\beta=0.07$，$t=1.22$），这说明全球消费文化融入度在国家品牌形象对产品评价的影响关系中不存在显著的调节作用，也说明了对于中等发展国家的消费者而言，中国的国家品牌形象还不能像中国优秀的跨国经营公司的公司品牌形象那样深入人心，"中国制造"的产品在一定程度上还不能成为全球流行产品的代名词，购买和消费来自中国的产品还不能完全成为消费者融入全球消费文化的一个桥梁和工具。因此，假设H7没有得到验证。

（3）产品熟悉度调节效应检验

与发达国家样本组的分析相类似，为了检验产品熟悉度的调节作用，在表5-14和表5-15的基础上引入公司品牌形象、国家品牌形象、产品熟悉度、全球消费文化融入度和产品涉入度几个变量之间的三项交互项，得到表5-16中的模型（3）。观察表5-16中的数据可以看出，随着交互项的引入，调整后R^2逐步增大，调整后R^2从模型（1）的0.34增加到模型（2）的0.40再增加到模型（3）的0.43，这说明逐步加入交互项后，模型得到了更好的拟合。同样地，由于前文在"产品涉入度调节效应检验"和"全球消费文化融入度调节效应检验"研究部分（表5-14和表5-15）已经分别对产品涉入度和全球消费文化融入度两个变量在公司品牌形象和国家品牌形象对产品评价影响关系中的调节作用做了全面分析，此处不再赘述，主要分析产品熟悉度的调节作用。

在公司品牌形象方面，从表5-16模型（3）的回归结果可以看出以下情况。①公司品牌形象、产品涉入度和产品熟悉度三者之间存在正向显著的交互作用（$\beta=0.10$, $t=1.96$），这说明产品熟悉度正向调节产品涉入度的调节效应强度，是产品涉入度发挥调节作用的一个外部条件。因此，假设H8得到了初步验证。②公司品牌形象、全球消费文化融入度和产品熟悉度三者之间的交互作用也达到统计上的显著水平（$\beta=-0.12$, $t=-2.20$），这同样说明了产品熟悉度是全球消费文化融入度在公司品牌形象对产品评价影响关系中发挥调节作用的一个重要条件。因此，假设H9得到了初步验证。

在国家品牌形象方面，从表5-16模型（3）的回归结果还可以看出以下情况。①国家品牌形象、产品涉入度和产品熟悉度三者之间存在正向显著的交互作用（$\beta=0.26$, $t=3.18$），这说明产品熟悉度正向调节产品涉入度的调节效应强度，是产品涉入度在国家品牌形象对产品评价影响关系中发挥调节作用的一个外部条件。因此，假设H10得到了初步验证。②国家品牌形象、全球消费文化融入度和产品熟悉度三者之间的交互作用不显著（$\beta=-0.09$，$t=-1.02$），这说明产品熟悉度的高低并不是全球消费文化融入度在国家品牌形象对产品评价影响关系中发挥调节作用的一个外部条件，即不管消费者产品熟悉度是高是低，全球消费文化融入度都不是国家品牌形象对产品评价影响关系中的一个调节变量。因此，假设H11没有得到完全验证。

表5-16 产品熟悉度调节作用的逐步回归结果-中等发达国家样本组（N=187）

变量	模型（1）		模型（2）		模型（3）	
	β系数	t值	β系数	t值	β系数	t值
控制变量						
性别	0.11	0.95	0.10	0.90	0.08	0.72
年龄	0.07	1.10	0.04	1.09	0.03	1.04
教育程度	0.06	0.35	0.08	0.40	0.10	0.43
收入	0.05**	2.25	0.03**	2.26	0.02**	2.08
生活年限	0.05	0.45	0.05	0.47	0.04	0.35
第一步（主效应）						
公司品牌形象	0.30***	4.23	0.26**	2.39	0.37***	3.53
国家品牌形象	0.25**	2.47	0.27***	3.16	0.24**	2.19
产品熟悉度	0.03	0.88	0.08	1.74	0.08	1.72
产品涉入度	0.14**	2.15	0.20**	2.25	0.19**	2.17
文化融入度	0.08*	1.82	0.06	1.50	0.14*	1.98
第二步（调节效应）						
公司品牌形象×产品涉入度			−0.11*	−2.48	−0.18**	−2.57
公司品牌形象×文化融入度			0.14**	1.99	0.27***	3.88
公司品牌形象×产品熟悉度			−0.08*	−1.84	−0.04	−0.83
国家品牌形象×产品涉入度			−0.19**	−2.31	−0.14*	−1.95
国家品牌形象×文化融入度			0.05	0.73	0.09	1.45
国家品牌形象×产品熟悉度			−0.22**	−2.54	−0.32***	−3.34
产品涉入度×产品熟悉度			−0.16	−0.65	−0.16	−0.79

续表

变量	模型（1）		模型（2）		模型（3）	
	β系数	t值	β系数	t值	β系数	t值
文化融入度×产品熟悉度			−0.07	−0.96	−0.15	−1.58
公司品牌形象×产品涉入度×产品熟悉度					0.10*	1.96
公司品牌形象×文化融入度×产品熟悉度					−0.12**	−2.20
国家品牌形象×产品涉入度×产品熟悉度					0.26***	3.18
国家品牌形象×文化融入度×产品熟悉度					−0.09	−1.02
调整R²	0.34		0.40		0.43	
Observations	187		187		187	

注：表中为标准化回归系数β，t-statistics in parentheses　*** $p<0.01$，** $p<0.05$，* $p<0.1$。

（4）产品熟悉度调节效应分组检验

为了在中等发达国家样本组中进一步检验本书假设中所提到的全球消费文化融入度和产品涉入度两个变量在不同的产品熟悉度情况下会发挥不同的调节效应，本节继续按消费者产品熟悉度的高低（被调研者是否购买或是否经常使用所评价的产品）进行分组检验，数据检验结果详见表5-17所示。

在公司品牌形象方面，从表5-17模型（5）和模型（7）的回归结果可以看出以下情况。①在消费者低产品熟悉度的条件下，公司品牌形象和产品涉入度之间存在负向显著的交互作用（$\beta=-0.16$，$t=-1.87$），这说明对于产品熟悉度较低的消费者而言，产品涉入度在公司品牌形象对产品评价的影响关系中发挥负向显著的调节作用，即消费者的产品涉入度越低，公司品牌形象对消费者产品评价的影响作用越大。因此，假设H8a得到了验证。②在消费者高产品熟悉度的条件下，公司品牌形象和产品涉入度之间交互作用不显著（$\beta=-0.07$，$t=-0.83$），这说明在消费者的产品熟悉度高时，产品涉入度的调节作用受到抑制。因此，假设H8b得到了验证。总体来讲，假设H8得到了完全验证。③在消费者低产品熟悉度的条件下，公司品牌形象和全球消费文化融入度之间存在正向显著的交互作用（$\beta=0.22$，$t=1.92$），这说明在消费者产品熟悉度较低的情况下，消费者的全球消费文化融入度越高，公司品牌形象对产品评价的影响越大。因此，假设H9a得到了验证。④在消费者高产品熟悉度的条件下，公司品牌形象和全球消费文化融入度之间的交互作用不显著（$\beta=0.15$，$t=0.46$），即在消费者产品熟悉度较高的情况下，公司品牌形象对产品评价的影响不受全球消费文化融入度的调节。因此，假设H9b得到了验证。总体来讲，在以俄罗斯、拉丁美洲等中等发达国家或地区的消费者为调研样本的情况下，假设H9得到了完全验证，这与以欧、美、日及澳大利亚等发达国家或地区的消费者为调研样本得到的结果不完全一致。

表5-17　不同产品熟悉度情况下分组检验-中等发达国家样本（$N=187$）

变量	低产品熟悉度				高产品熟悉度			
	模型（4）		模型（5）		模型（6）		模型（7）	
	β系数	t值	β系数	t值	β系数	t值	β系数	t值
公司品牌形象	0.40**	2.07	0.45***	3.61	0.27*	1.83	0.19	1.71
国家品牌形象	0.37**	2.33	0.39**	2.40	0.16	1.36	0.10	0.98
产品涉入度	0.19*	1.94	0.20**	2.55	0.13	1.65	0.14*	1.89
文化融入度	0.10	0.97	0.09	0.80	0.12	1.00	0.12	1.25
公司品牌形象 × 产品涉入度			−0.16*	−1.87			−0.07	−0.83
公司品牌形象 × 文化融入度			0.22*	1.92			0.15	0.46
国家品牌形象 × 产品涉入度			−0.31**	−2.04			−0.20	−0.75
国家品牌形象 × 文化融入度			0.05	0.94			0.09	0.37
调整 R^2		0.26		0.31		0.20		0.22
Observations		83		83		104		104

注：表中为标准化回归系数β，t-statistics in parentheses *** $p<0.01$，** $p<0.05$，* $p<0.1$。

在国家品牌形象方面，从表5-17模型（5）和模型（7）的回归结果可以看出以下情况。①在消费者低产品熟悉度的情况下，国家品牌形象和产品涉入度之间存在负向显著的交互作用（$\beta=-0.31$，$t=-2.04$），这说明对于产品熟悉度较低的消费者而言，产品涉入度在国家品牌形象对消费者产品评价影响关系中发挥负向调节作用，即消费者的产品涉入度越低，国家品牌形象对消费者产品评价的影响作用越大。因此，假设H10a得到了验证。②在消费者高产品熟悉度的情况下，国家品牌形象和产品涉入度之间的交互作用不显著（$\beta=-0.20$，$t=-0.75$），这说明对于产品熟悉度高的消费者而言，国家品牌形象对消费者产品评价的影响不受产品涉入度的调节，即产品涉入度在国家品牌形象对消费者产品评价影响关系中的调节效应受到抑制。因此，假设H10b得到了验证。总体来讲，假设H10得到了完全验证。③在消费者低产品熟悉度的情况下，国家品牌形象和全球消费文化融入度之间的交互作用不显著（$\beta=0.05$，$t=0.94$），这说明在低产品熟悉度的情况下，全球消费文化融入度在国家品牌形象对产品评价的影响关系中不存在调节作用。④在消费者高产品熟悉度的情况下，国家品牌形象和全球消费文化融入度之间的交互作用也不显著（$\beta=0.09$，$t=0.37$），这说明全球消费文化融入度在国家品牌形象对产品评价的影响关系中也不具有显著的调节作用，且这种关系独立于消费者的产品熟悉度高低。因此，假设H11a没有得到验证，假设H11b得到了验证。总体来讲，假设H11得到了部分验证。

2. 假设检验小结

在以俄罗斯、拉丁美洲等中等发达国家或地区的消费者为调研样本的情况下，本部分对本书所提出的11个研究假设进行了检验。其中，假设H7和假设H11a没有得到验证，假设H11得到部分验证，其余假设都得到了完全验证，具体假设检验结果汇总情况详见表5-18所示。

表5-18　研究假设检验结果-中等发达国家样本组

假设		内容	结论
主效应	H1	公司品牌形象显著正向影响消费者的产品评价	支持
	H2	国家品牌形象显著正向影响消费者的产品评价	支持
	H3	在其他条件相同的情况下，公司品牌形象对产品评价的影响效应大于国家品牌形象对产品评价的影响效应	支持
产品涉入度调节效应	H4	产品涉入度显著负向调节公司品牌形象对消费者产品评价的影响效应	支持
	H5	产品涉入度显著负向调节国家品牌形象对消费者产品评价的影响效应	支持
文化融入度调节效应	H6	全球消费文化融入度显著正向调节公司品牌形象对消费者产品评价的影响效应	支持
	H7	全球消费文化融入度显著正向调节国家品牌形象对消费者产品评价的影响效应	不支持
公司品牌形象×产品涉入度×产品熟悉度	H8	在不同的产品熟悉度条件下，产品涉入度在公司品牌形象对产品评价的影响关系中产生不同的调节作用	支持
	H8a	当产品熟悉度低时，产品涉入度反向调节公司品牌形象对产品评价的影响关系，即产品涉入度越高，公司品牌形象对产品评价的影响越弱	支持
	H8b	当产品熟悉度高时，公司品牌形象对产品评价的影响不受产品涉入度的调节	支持
公司品牌形象×文化融入度×产品熟悉度	H9	在不同的产品熟悉度条件下，全球消费文化融入度在公司品牌形象对产品评价的影响关系中产生不同的调节作用	支持
	H9a	当产品熟悉度低时，全球消费文化融入度正向调节公司品牌形象对产品评价的影响关系，即全球消费文化融入度越高，公司品牌形象对产品评价的影响越强	支持
	H9b	当产品熟悉度高时，公司品牌形象对产品评价的影响不受全球消费文化融入度的调节	支持

续表

假设		内容	结论
国家品牌形象×产品涉入度×产品熟悉度	H10	在不同的产品熟悉度条件下，产品涉入度在国家品牌形象对产品评价的影响关系中产生不同的调节作用	支持
	H10a	当产品熟悉度低时，产品涉入度反向调节国家品牌形象对产品评价的影响关系，即产品涉入度越高，国家品牌形象对产品评价的影响越弱	支持
	H10b	当产品熟悉度高时，国家品牌形象对产品评价的影响不受产品涉入度的调节	支持
国家品牌形象×文化融入度×产品熟悉度	H11	在不同的产品熟悉度条件下，全球消费文化融入度在国家品牌形象对产品评价的影响关系中产生不同的调节作用	部分支持
	H11a	当产品熟悉度低时，全球消费文化融入度正向调节国家品牌形象对产品评价的影响关系，即全球消费文化融入度越高，国家品牌形象对产品评价的影响越强	不支持
	H11b	当产品熟悉度高时，国家品牌形象对产品评价的影响不受全球消费文化融入度的调节	支持

图5-2把以俄罗斯、拉丁美洲等中等发达国家或地区的消费者为调研样本（样本2）的数据检验结果反映在本书提出的研究模型图形中。其中，实线为实证检验证明存在显著性的影响，虚线表明相关影响未获得验证或未获得完全验证。总体来讲，本研究提出的绝大多数假设都得到了验证，表明本书所做的理论分析是基本成立的。

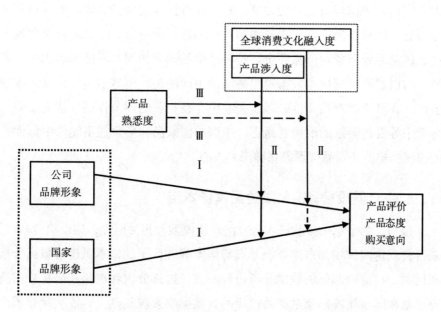

图5-2 （中等发达国家样本组）研究假设路径验证示意图

3.未得到验证假设的讨论

假设H7和假设H11a没有得检验，本书认为假设H7和假设H11a所讲的内容在本质上都是全球消费文化融入度的调节作用，即全球消费文化融入度在国家品牌形象对消费者产品评价的影响关系中不存在显著的调节作用。因此，此处对这两个未被验证的假设进行统一分析。在以俄罗斯、拉丁美洲等中等发达国家或地区的消费者为样本的情况下，本书得出全球消费文化融入度在国家品牌形象对产品评价的影响关系中不具有显著的调节作用。究其原因，本书认为与上一节以欧、美、日及澳大利亚等发达国家或地区的消费者为样本的原因类似。首先，可能与研究视角有关。以往国内外学者在针对国家品牌形象进行研究时，所涉及的多为发达国家的情况，而本书针对的是中国的国家品牌形象，中国的国家品牌形象还没有像发达国家的国家品牌形象那样在其他国家的消费者心中根深蒂固，还没有建立起强势的国家品牌形象，"中国制造"的产品在一定程度上还不能成为全球流行产品的代名词，消费来自中国的产品还不能完全成为消费者融入全球消费文化的一个桥梁和工具，这也进一步说明了中国的国家品牌形象在其他与中国经济、社会发展水平相接近国家的消费者眼中的评价还不是很好。因此，他们在对来自中国的产品进行评价时，全球消费文化融入度在国家品牌形象对产品评价影响关系中的调节作用并不能体现出来。此外，与以发达国家样本数据得出的结论不同的是，全球消费文化融入度在公司品牌形象对产品评价的影响关系中存在显著的调节作用，这也说明了对于中等发达国家的消费者而言，中国的国家品牌形象还不能像中国优秀的跨国公司的公司品牌形象那样深入人心。

5.3.3 假设检验3-欠发达国家样本组

最后，为了进一步验证本研究的理论模型和相关假设，假设检验3针对来自欠发达国家（如东南亚、非洲等国家或地区）的样本组进行数据分析和讨论。与前两部分的数据分析过程一致，这部分内容也是在分析公司品牌形象和国家品牌形象对产品评价的直接影响效应基础上，依次检验了产品涉入度、全球消费文化融入度和产品熟悉度三个变量的调节效应，并在此基础上对数据检验结果进行了分析和讨论。

1. 假设检验分析

（1）产品涉入度调节效应检验

首先，直接效应分析。与前面两个部分的分析相类似，为了验证公司品牌形象和国家品牌形象对消费者产品评价的直接影响效应，以产品评价作为因变量，将公司品牌形象、国家品牌形象和控制变量（性别、年龄、收入、学历和生活年限）作为自变量同时加入回归模型，数据回归结果见表5-19模型（1）。可以看出，在控制了人口统计学因素的影响后，得出了与前面两个样本组相一致的结论，即公司品牌形象（$\beta=0.34$, $t=4.27$）和国家品牌形象（$\beta=0.31$, $t=2.55$）对消费者的产品评价有显著的正向影响。因此，在欠发达国家的样本组中，假设H1和假设H2也得到了验证。此外，相对于国家品牌形象的影响效应，公司品牌形象的影响效应更强些，假设H3同样得到了验证，但二者之间效应的差异比前面两个样本组效应的差异要小，这可能是由于对于欠发达国家的消费者来讲，他们对中国的国家品牌形象的评价要比发达国家消费者和中等发达国家消费者对中国的国家品牌形象的评价相对较好，但消费者在产品评价过程中同样也更看重产品来源企业的自身实力，这进一步说明了在国际市场上打造强势公司品牌的重要性。

其次，产品涉入度的调节作用分析。类似地，在表5-19模型（1）的基础上，分别引入公司品牌形象和产品涉入度的交互项、国家品牌形象和产品涉入度的交互项到回归方程，回归结果见表5-19模型（2）。可以看出，随着交互项的引入，模型调整后R^2逐步增加，调整后R^2从模型（1）的0.34增加到模型（2）的0.39，这表明加入交互项后回归模型得到了更好的拟合。

从表5-19模型（2）的回归结果可以看出，在控制了人口统计学因素的影响后，公司品牌形象和产品涉入度两者的交互项对产品评价具有显著的负向影响（β=–0.13，t=1.90），国家品牌形象和产品涉入度两者的交互项对产品评价也具有显著的负向影响（β=–0.17，t=2.18），即消费者的产品涉入度越高，公司品牌形象和国家品牌形象对产品评价的影响越弱，这与前面两个样本组的研究结论相一致。因此，假设H4和假设H5得到了验证。

表5-19 产品涉入度调节作用检验-欠发达国家样本组（N=293）

变量	产品评价			
	模型（1）		模型（2）	
	β系数	t值	β系数	t值
控制变量				
性别	0.16	0.63	0.13	0.49
年龄	0.07	0.45	0.05	0.30
教育程度	0.12	0.79	0.18	1.04
收入	0.10*	1.92	0.09*	1.81
生活年限	0.09	1.02	0.08	0.94
第一步（直接效应）				
公司品牌形象	0.34***	4.27	0.37***	4.54
国家品牌形象	0.31**	2.55	0.35***	3.16

续表

变量	产品评价			
	模型（1）		模型（2）	
	β系数	t值	β系数	t值
产品涉入度	0.13**	2.13	0.16**	2.47
第二步（调节效应）				
公司品牌形象×产品涉入度			−0.13*	1.90
国家品牌形象×产品涉入度			−0.17**	2.18
Observations	293		293	
调整R^2	0.34		0.39	

注：表中为标准化回归系数β，t-statistics in parentheses *** $p<0.01$, ** $p<0.05$, * $p<0.1$。

（2）全球消费文化融入度调节效应检验

类似地，为了检验全球消费文化融入度在公司品牌形象和国家品牌形象对产品评价影响关系中的调节作用，本节将产品评价作为因变量，在引入控制变量（性别、年龄、收入、学历和生活年限）的基础上，分别引入公司品牌形象、国家品牌形象、全球消费文化融入度及它们之间的交互项到回归模型，回归结果见表5-20模型（2）。可以看出，随着交互项的引入，模型调整后R^2逐步增加，模型调整后R^2从模型（1）的0.35增加到模型（2）的0.38，这表明加入交互项后模型得到了更好的拟合。

从表5-20模型（2）的回归结果可以看出，公司品牌形象和全球消费文化融入度两者之间具有显著的正向交互作用（$\beta=0.09$，$t=2.06$），这说明消费者的全球消费文化融入度越高，公司品牌形象对产品评价的影响越强。因此，假设H6得到了验证。国家品牌形象和全球消费文化融入度两者之间也具有显著的正向交互作用（$\beta=0.24$，$t=2.41$），这说明全球消费文化融入度在国家品牌形象对产品评价的影响关系中也存在正向的调节作用。这些结论与以欧、美、日及澳大利亚等发达国家或地区的消费者和以俄罗斯、拉丁美洲等中等发达国家或地区的消费者为样本进行分析所得出的结果不一致，这说明对于欠发达国家的消费者来讲，他们对中国国家品牌形象的评价相对较好。因此，假设H7得到了验证。

表5-20 全球消费文化融入度的调节作用检验-欠发达国家样本组（N=293）

变量	产品评价			
	模型（1）		模型（2）	
	β系数	t值	β系数	t值
控制变量				
性别	0.15	0.56	0.10	0.38
年龄	0.07	0.46	0.07	0.41
教育程度	0.12	0.79	0.20	1.34
收入	0.10**	2.01	0.14**	2.23
生活年限	0.09	0.95	0.08	0.83
第一步（主效应）				
公司品牌形象	0.36***	4.14	0.30**	2.55
国家品牌形象	0.32***	2.68	0.26*	1.88
文化融入度	0.17*	1.82	0.13	1.37
第二步（调节效应）				
公司品牌形象×文化融入度			0.09**	2.06
国家品牌形象×文化融入度			0.24**	2.41
调整R^2	0.35		0.38	
Observations	293		293	

注：表中为标准化回归系数β，t-statistics in parentheses *** $p<0.01$, ** $p<0.05$, * $p<0.1$。

（3）产品熟悉度调节效应检验

类似地，为了检验产品熟悉度的调节作用，在表5-19和表5-20的基础上引入公司品牌形象、国家品牌形象、产品熟悉度、全球消费文化融入度和产品涉入度几个变量之间的三项交互项得到表5-21的模型（3）。观察表5-21中的数据可以看出，随着交互项的引入，调整后R^2逐步增大，调整后R^2从模型（1）的0.36增加到模型（2）的0.42再增加到模型（3）的0.46，这说明逐步加入交互项后模型得到了更好的拟合。

表5-21　产品熟悉度调节作用的逐步回归结果-欠发达国家样本组（N=293）

变量	模型（1）		模型（2）		模型（3）	
	β系数	t值	β系数	t值	β系数	t值
控制变量						
性别	0.17	0.65	0.13	0.49	0.21	0.62
年龄	0.10	0.74	0.05	0.30	0.07	0.53
教育程度	0.12	0.82	0.18	1.04	0.15	0.91
收入	0.09*	1.85	0.09*	1.81	0.13**	2.08
生活年限	0.09	0.91	0.10	1.03	0.09	0.84
第一步（主效应）						
公司品牌形象	0.36***	4.14	0.27*	1.93	0.32***	3.03
国家品牌形象	0.29**	2.47	0.23*	1.82	0.25**	2.49
产品熟悉度	0.08	0.65	0.158	0.97	0.13	0.84
产品涉入度	0.14**	2.20	0.11**	2.01	0.16**	2.53
文化融入度	0.17*	1.82	0.09	1.05	0.12	1.78
第二步（调节效应）						
公司品牌形象×产品涉入度			−0.14*	−1.96	−0.09*	−1.90
公司品牌形象×文化融入度			0.15***	3.45	0.11***	3.01
公司品牌形象×产品熟悉度			−0.12**	−2.29	−0.15**	−2.43
国家品牌形象×产品涉入度			−0.26***	−3.11	−0.19**	−2.36
国家品牌形象×文化融入度			0.19**	2.12	0.10*	1.89
国家品牌形象×产品熟悉度			−0.31**	−2.54	−0.36***	−3.24

变量	模型（1）		模型（2）		模型（3）	
	β系数	t值	β系数	t值	β系数	t值
产品涉入度×产品熟悉度			0.04	0.24	0.12	0.75
文化融入度×产品熟悉度			−0.09	−0.66	−0.07	−0.48
公司品牌形象×产品涉入度×产品熟悉度					0.17**	2.02
公司品牌形象×文化融入度×产品熟悉度					−0.14	−0.97
国家品牌形象×产品涉入度×产品熟悉度					0.32**	2.16
国家品牌形象×文化融入度×产品熟悉度					−0.04	−0.89
调整R^2	0.36		0.42		0.46	
Observations	293		293		293	

注：表中为标准化回归系数β，t-statistics in parentheses ***$p<0.01$，**$p<0.05$，*$p<0.1$。

由于前文在"产品涉入度调节效应检验"和"全球消费文化调节效应检验"部分（表5-19和表5-20）已经对产品涉入度和全球消费文化融入度两个变量的调节作用做了全面分析，此处主要分析产品熟悉度的调节作用。

在公司品牌形象方面，从表5-21模型（3）的回归结果可以看出以下情况。①公司品牌形象、产品涉入度和产品熟悉度三者之间存在显著的正向交互作用（$\beta=0.17$，$t=2.02$），这说明产品熟悉度负向调节产品涉入度的调节效应强度，是产品涉入度发挥调节作用的一个外部条件。因此，假设H8得到了初步验证。②公司品牌形象、全球消费文化融入度和产品熟悉度三者之间的交互作用不显著（$\beta=-0.14$，$t=-0.97$），这说明在以欠发达国家消费者为样本的情况下，全球消费文化融入度在公司品牌形象对产品评价影响关系中的调节作用强度独立于产品熟悉度的高低，即不论消费者产品熟悉度是高是低，全球消费文化融入度都是公司品牌形象对产品评价影响的一个调节变量。因此，假设H9没有得到完全验证。

在国家品牌形象方面，从表5-21模型（3）的回归结果还可以看出以下情况。①国家品牌形象、产品涉入度和产品熟悉度三者之间存在显著的正向交互作用（$\beta=0.32$，$t=2.16$），这说明产品熟悉度负向调节产品涉入度的调节效应强度，是产品涉入度在国家品牌形象对产品评价影响关系中发挥调节作用的一个重要外部条件。因此，假设H10得到了初步验证。②国家品牌形象、全球消费文化融入度和产品熟悉度三者之间的交互作用不显著（$\beta=-0.04$，$t=-0.89$），这说明产品熟悉度的高低并不能影响全球消费文化融入度在国家品牌形象对产品评价影响关系中发挥调节作用，即不论消费者产品熟悉度是高是低，全球消费文化融入度都是国家品牌形象对产品评价影响关系中的一个调节变量。因此，假设H11没有得到完全验证。

（4）产品熟悉度调节效应分组检验

同样，为在欠发达国家样本组中进一步检验本书假设中所提到的全球消费文化融入度和产品涉入度两个变量在不同消费者产品熟悉度的情况下会发挥不同的调节效应，本节继续按消费者产品熟悉度的高低进行分组检验，检验结果详见表5-22所示。

在公司品牌形象方面，从表5-22模型（5）和模型（7）的回归数据可以看出以下情况。①在低产品熟悉度的情况下，公司品牌形象和产品涉入度之间存在显著的负向交互作用（$\beta=-0.20$，$t=-2.09$），这说明对于产品熟悉度较低的消费者而言，产品涉入度在公司品牌形象对产品评价影响关系中发挥调节作用，即消费者的产品涉入度越低，公司品牌形象对消费者产品评价的影响作用越大，因此，假设H8a得到了验证。②在高产品熟悉度的条件下，公司品牌形象和产品涉入度之间的交互作用不显著（$\beta=-0.09$，$t=-0.54$），这说明对于产品熟悉度高的消费者而言，公司品牌形象对产品评价的影响效应不受产品涉入度的调节，即产品涉入度的调节作用在消费者产品熟悉度高时受到抑制。因此，假设H8b得到了验证。总体来讲，假设H8得到了完全验证。③在低产品熟悉度的条件下，公司品牌形象和全球消费文化融入度之间存在显著的正向交互作用（$\beta=0.19$，$t=2.24$），即在消费者产品熟悉度较低的情况下，消费者的全球消费文化融入度越高，公司品牌形象对产品评价的影响越大。因此，H9a得到了验证。④在高产品熟悉度的条件下，公司品牌形象和全球消费文化融入度之间也具有显著的正向交互作用（β=0.20，t=2.02），即在消费者产品熟悉度较高的情况下，公司品牌形象对产品评价的影响同样受到消费者全球消费文化融入度的调节，这说明全球消费文化融入度在公司品牌形象对产品评价影响关系中的调节作用独立于消费者产品熟悉度高低。因此，假设H9b没有得到验证。总体来讲，在以欠发达国家消费者为样本进行分析的情况下，假设H9没有得到完全验证。

表5-22 不同产品熟悉度情况下分组检验-欠发达国家样本（N=293）

变量	低产品熟悉度				高产品熟悉度			
	模型（4）		模型（5）		模型（6）		模型（7）	
	β系数	t值	β系数	t值	β系数	t值	β系数	t值
公司品牌形象	0.43**	2.24	0.45***	3.35	0.24**	2.19	0.21**	2.01
国家品牌形象	0.37**	2.01	0.39**	2.41	0.18*	1.81	0.14	1.71
产品涉入度	0.16	1.63	0.19*	1.87	0.20	1.75	0.22*	1.96
文化融入度	0.17	0.89	0.13	0.64	0.15	0.73	0.19*	1.80
公司品牌形象 × 产品涉入度			−0.20**	−2.09			−0.09	−0.54
公司品牌形象 × 文化融入度			0.19**	2.24			0.20**	2.02
国家品牌形象 × 产品涉入度			−0.38***	−3.30			0.11	0.77
国家品牌形象 × 文化融入度			0.17*	1.97			0.15*	1.83
调整 R^2		0.29		0.33		0.20		0.25
Observations		126		126		167		167

注：表中为标准化回归系数β，t-statistics in parentheses *** $p<0.01$，** $p<0.05$，* $p<0.1$。

在国家品牌形象方面,从表5-22模型(5)和模型(7)中的回归结果可以看出以下情况。①在低产品熟悉度的情况下,国家品牌形象和产品涉入度之间存在显著的正向交互作用(β=-0.38,t=-3.30),这说明对于产品熟悉度较低的消费者而言,产品涉入度在国家品牌形象对产品评价影响关系中发挥显著的调节作用,即消费者的产品涉入度越低,国家品牌形象对消费者产品评价的影响作用越大。因此,假设H10a得到了验证。②在高产品熟悉度的情况下,国家品牌形象和产品涉入度之间的交互作用不显著(β=0.11,t=0.77),这说明对于产品熟悉度高的消费者而言,国家品牌形象对产品评价的影响不受产品涉入度的调节,即产品涉入度在国家品牌形象对消费者产品评价影响关系中的调节效应受到抑制,因此,假设H10b得到了验证。总体来讲,假设H10得到了完全验证。③在低产品熟悉度的情况下,国家品牌形象和全球消费文化融入度之间存在显著的正向交互作用(β=0.17,t=1.97),这说明对于产品熟悉度较低的消费者而言,全球消费文化融入度在国家品牌形象对产品评价影响关系中发挥显著调节作用,即消费者的全球消费文化融入度越高,国家品牌形象对消费者产品评价的影响作用越大。因此,假设H11a得到了验证。②在高产品熟悉度的条件下,国家品牌形象和全球消费文化融入度之间的交互作用也达到了统计上的显著水平(β=0.15,t=1.83),即在消费者产品熟悉度较高的情况下,国家品牌形象对产品评价的影响同样受到了消费者全球消费文化融入度的调节,这说明全球消费文化融入度在国家品牌形象对产品评价影响关系中的调节作用独立于消费者的产品熟悉度高低。因此,假设H11b没有得到验证。总体来讲,在以欠发达国家消费者为调研样本的情况下,假设H11没有得到完全验证。

2. 假设检验小结

在以欠发达国家的消费者为调研样本的情况下,本部分对本书所提出的11个研究假设进行了检验。其中,假设H9b和假设H11b没有得到验证,假设H9和假设H11得到了部分验证,其余假设都得到了完全验证,具体详见表5-23所示。

表5-23　研究假设检验结果-欠发达国家样本组

假设		内容	结论
主效应	H1	公司品牌形象显著正向影响消费者的产品评价	支持
	H2	国家品牌形象显著正向影响消费者的产品评价	支持
	H3	在其他条件相同的情况下，公司品牌形象对产品评价的影响效应大于国家品牌形象对产品评价的影响效应	支持
产品涉入度调节效应	H4	产品涉入度显著负向调节公司品牌形象对消费者产品评价的影响效应	支持
	H5	产品涉入度显著负向调节国家品牌形象对消费者产品评价的影响效应	支持
文化融入度调节效应	H6	全球消费文化融入度显著正向调节公司品牌形象对消费者产品评价的影响效应	支持
	H7	全球消费文化融入度显著正向调节国家品牌形象对消费者产品评价的影响效应	支持
公司品牌形象×产品涉入度×产品熟悉度	H8	在不同的产品熟悉度条件下，产品涉入度在公司品牌形象对产品评价的影响关系中产生不同的调节作用	支持
	H8a	当产品熟悉度低时，产品涉入度反向调节公司品牌形象对产品评价的影响关系，即产品涉入度越高，公司品牌形象对产品评价的影响越弱	支持
	H8b	当产品熟悉度高时，公司品牌形象对产品评价的影响不受产品涉入度的调节	支持
公司品牌形象×文化融入度×产品熟悉度	H9	在不同的产品熟悉度条件下，全球消费文化融入度在公司品牌形象对产品评价的影响关系中产生不同的调节作用	部分支持
	H9a	当产品熟悉度低时，全球消费文化融入度正向调节公司品牌形象对产品评价的影响关系，即全球消费文化融入度越高，公司品牌形象对产品评价的影响越强	支持
	H9b	当产品熟悉度高时，公司品牌形象对产品评价的影响不受全球消费文化融入度的调节	不支持

续表

假设		内容	结论
国家品牌形象×产品涉入度×产品熟悉度	H10	在不同的产品熟悉度条件下，产品涉入度在国家品牌形象对产品评价的影响关系中产生不同的调节作用	支持
	H10a	当产品熟悉度低时，产品涉入度反向调节国家品牌形象对产品评价的影响关系，即产品涉入度越高，国家品牌形象对产品评价的影响越弱	支持
	H10b	当产品熟悉度高时，国家品牌形象对产品评价的影响不受产品涉入度的调节	支持
国家品牌形象×文化融入度×产品熟悉度	H11	在不同的产品熟悉度条件下，全球消费文化融入度在国家品牌形象对产品评价的影响关系中产生不同的调节作用	部分支持
	H11a	当产品熟悉度低时，全球消费文化融入度正向调节国家品牌形象对产品评价的影响关系，即全球消费文化融入度越高，国家品牌形象对产品评价的影响越强	支持
	H11b	当产品熟悉度高时，国家品牌形象对产品评价的影响不受全球消费文化融入度的调节	不支持

　　图5-3将以欠发达国家的消费者为调研样本（样本组3）的数据检验结果反映在本书提出的研究模型图形中。其中，实线为实证检验证明存在显著性的影响，虚线表明相关影响未获得验证或未获得完全验证。总体来讲，本研究提出的绝大多数假设都得到了验证，表明本书所做的理论分析是基本成立的。

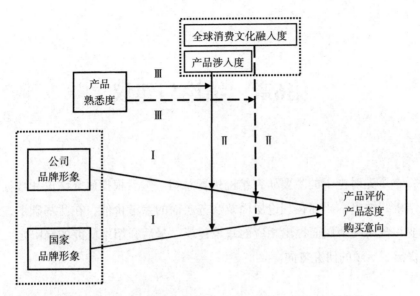

图5-3 （欠发达国家样本组）研究假设路径验证示意图

3. 未得到验证假设的讨论

假设H9b和假设H11b主要是检验全球消费文化融入度在不同产品熟悉度条件下的调节作用。本研究得出的结论是，全球消费文化融入度在公司品牌形象和国家品牌形象对产品评价影响关系中具有显著的调节作用，且这种调节作用独立于消费者产品熟悉度的高低，这与前文的理论分析不相符。究其原因，本书认为可能是对于欠发达国家的消费者而言，中国的公司品牌形象和国家品牌形象在消费者心中已经得到了较高的认同，来自中国的产品对这些消费者来讲具有较强的吸引力，符合他们追逐国际化潮流的心理需要，以至于能够使消费者在面对熟悉的产品时，公司品牌形象和国家品牌形象强势的"光环效应"依然能发挥作用，即使首次购买的产品并不如他们预期的那么理想，他们依然会将其归结为是产品本身以外的其他因素引起的，如同通常我们在日常生活中会下意识地对来自不同国家的产品加以归类，如看到德国提供的产品想到了"高精尖"、看到美国提供的产品想到了"科技先进"、瑞士的手表也会使我们联想到"身份"和"地位"，和苹果公司昂贵的产品价格并不能丝毫影响消费者的购买热情等现象的原理一样，这也说明了在某种程度上消费行为的非理性。

第6章　结论与建议

本章先对全书的主要研究结论进行总结。然后根据研究结论和数据验证结果归纳出本研究在理论层面及实务层面的参考价值，在此基础上，从企业和政府两个层面提出相应的政策建议。最后介绍本研究的局限之处，并提出了后续的研究方向。

6.1　主要研究结论

随着经济全球化的发展，越来越多的企业走出国门参与国际市场的竞争，与传统的国内市场相比，一个国家的跨国公司要想赢得国际市场，应该从企业和国家两个层面进行努力。本书基于中国的跨国公司，探讨了国际化视角下公司品牌形象和国家品牌形象对消费者产品评价的影响过程，并深入分析了产品涉入度和全球消费文化融入度两个变量在公司品牌形象和国家品牌形象对产品评价影响关系中的调节作用，重点探究了在产品熟悉度不同的条件下，上述两个变量调节效应的异同。通过文献回顾、理论分析、模型构建和实证检验，本书得出了以下基本结论。

1.公司品牌形象和国家品牌形象对产品评价有显著正向影响

本书的实证结果再次验证了公司品牌形象和国家品牌形象在消费者产品评价过程中的重要性。本书研究发现，国际化视角下公司品牌形象和国家品牌形象是消费者产品评价的重要外部线索，对消费者的产品评价具有显著的正向影响，且这个结论在本书的三个研究样本组中都得到了检验，即在其他条件相同的情况下，公司品牌形象和国家品牌形象越好，消费者的产品评价就会越高，这与已有的学者的研究结论相一致。

2. 相对于国家品牌形象的影响效应，公司品牌形象对产品评价的影响效应更强

本书的研究假设提出，在跨国经营环境中，在其他条件相同的情况下，公司品牌形象对产品评价的影响效应大于国家品牌形象对产品评价的影响效应，这通过本书的实证数据检验得到了验证。也即是说，相对于国家品牌形象，在消费者的产品评价的过程中，产品来源公司的公司品牌形象对消费者产品评价的影响效应更强。这在一定程度上说明了，消费者在产品评价过程中更看重的是产品来源企业的整体实力，而消费者心中国家品牌形象的"晕轮效应"并没有占上风。

3. 公司品牌形象和国家品牌形象对产品评价的影响存在一定的作用条件

（1）产品熟悉度和产品涉入度的调节作用

产品涉入度在公司品牌形象和国家品牌形象对产品评价的影响关系中存在显著的负向调节作用，且消费者的产品熟悉程度影响产品涉入度在公司品牌形象和国家品牌形象对消费者产品评价影响关系中调节效应的强度，是产品涉入度发挥调节作用的一个重要条件。在消费者产品熟悉程度较低时，产品涉入度的调节作用更为显著；在消费者产品熟悉度较高时，产品涉入度的调节作用受到抑制，且本研究的三个样本群体数据分析都得出了同样的结论。

（2）产品熟悉度和全球消费文化融入度的调节作用

本书的研究发现如下。首先，在以欧、美、日及澳大利亚等发达国家或地区的消费者为样本进行分析时，全球消费文化融入度在公司品牌形象和国家品牌形象对产品评价的影响关系中不存在显著的调节作用，这种情况独立于产品熟悉度的高低。其次，在以俄罗斯、拉丁美洲等与中国发展水平相近的国家或地区的消费者为样本进行分析时，全球消费文化融入度在公司品牌形象对产品评价的影响关系中存在显著的正向调节作用，且这种调节作用在消费者产品熟悉度低时更为显著，在产品熟悉度高时这种调节效应受到抑制；全球消费文化融入度在国家品牌形象对产品评价的影响关系中不存在显著的调节作用，且这种情况独立于消费者产品熟悉度的高

低。最后，在以东南亚、非洲等比中国明显落后的国家或地区的消费者为样本进行分析时，全球消费文化融入度在公司品牌形象和国家品牌形象对产品评价的影响关系中存在正向的调节作用，且在消费者产品熟悉度较高时，全球消费文化融入度在上述关系中的调节效应并没有受到抑制。

根据本书的研究结论可以看出，针对不同样本组所得出的结论存在一定程度的差异，这在一定程度上反映了不同消费意识和不同经济发展水平背景下的消费者的异质性以及在对公司品牌形象和国家品牌形象与产品评价影响关系的认知、评价上的差异性。

6.2　政策建议

本书基于中国的跨国公司，通过研究国际化视角下公司品牌形象和国家品牌形象对消费者产品评价的影响过程及其作用条件，发现本书的研究结论不仅能为中国跨国公司的营销管理者制定和实施国际品牌营销策略提供有针对性的政策建议，同时还力图为中国政府在今后的国家品牌形象塑造和为本国企业打造良好的国际经营环境的实践中提供有价值的借鉴。面对日益竞争激烈的国际市场环境，无论是企业层面还是国家层面都需要时刻关注市场营销策略的灵活运用，根据市场的外部环境和内部竞争能力的时刻变化不断调整自身的定位和策略，以获得长远的发展潜力和竞争能力。

6.2.1　企业管理建议

1. 树立正确的品牌理念，打造强势的公司品牌形象

本书的研究结论再次验证了企业在跨国经营活动中公司品牌形象的重要作用。然而，目前很多中国企业的品牌意识还处于较低的水平，并没有真正认识到提升企业整体品牌形象的潜在价值。为此，企业必须改变以往品牌意识薄弱、品牌知识欠缺的现状，更新品牌理念，树立品牌意识。此外，我们还必须认识到，强势公司品牌形象的塑造和完善过程并非一朝一

夕就能成功的，企业需要长期的努力才能得到消费市场的认可。这就要求企业科学地设定长期策略，在品牌发展过程中把发展目标从传统的只专注生产经营转变为生产经营与品牌经营齐头并进。一方面，企业可以通过更新生产设备、加大研发投入、拓宽营销渠道等扎扎实实地提升整体实力；另一方面，也可以通过积极履行相应的社会责任，进一步强化企业在消费者心中的形象，树立正面积极的公司品牌形象，给国内消费者和国际消费者一个好的公司联想和认知。

2. 完善企业品牌策略，合理利用国家品牌形象

企业在进入国际市场时要充分考虑国家品牌形象作为消费者产品评价的一个外部线索所产生的晕轮效应，并权衡国外消费者对本国国家品牌形象的感知，特别是当新产品进入一个新兴国家的市场时，由于东道国消费者缺乏相应的消费知识和消费经验，产品来源国的国家品牌就会成为消费者评价该产品的主要外部线索。因此，跨国公司在品牌策略实施过程中应该首先了解国际消费者对产品来源国的国家品牌形象的评价情况。一方面，如果国外消费者对中国的国家品牌形象感知良好，则有必要在营销过程中明确强化产品的原产国，从而提升消费者对本国品牌的态度和购买意向；另一方面，如果国外消费者对中国的国家品牌形象持有否定倾向，则有必要在营销过程中规避原产国形象，如在产品宣传过程中可在包装上淡化其原产国，或与有声望的分销商建立联盟，或是为消费者提供更为详尽的产品信息，以降低国家品牌形象对消费者产品评价的影响，该方法在消费者无法触及产品本身的环境中，如网上购物、户外广告和印刷媒体等效果更为明显。因此，这就要求企业转变营销思想，从单一的产品选择转变为多样化的营销策略。如根据本书的研究结论可以看出，中国的国家品牌形象在东南亚、非洲等欠发达国家或地区的消费者心中的评价相对较高，因此企业在开拓欠发达国家的消费市场时，应该在适当的时候突出产品来源国的国家品牌形象，进而为企业赢得更多的国际市场份额。

3. 把握公司品牌形象和国家品牌形象的作用条件

本书的研究结论还发现，产品涉入度在公司品牌形象和国家品牌形象对产品评价的影响关系中存在显著的调节作用，消费者的产品熟悉程度决

定了产品涉入度调节效应的程度，这在一定程度上为国家品牌形象和公司品牌形象对产品评价的作用路径添加了边界条件。因此，管理者在制定营销策略时要考虑具体的市场环境。当企业在新的市场上推出产品时，由于消费者的产品熟悉度普遍较低，东道国消费者缺乏相应的消费知识和消费经验，产品来源国的国家品牌形象和公司品牌形象就成为消费者评价该产品的主要外部线索，特别是在消费者产品涉入度较低和国家品牌形象良好的情况下，企业更应该在营销过程中充分强化产品的原产国，并发挥强势公司品牌形象对消费者产品评价的影响。此外，本书的研究结论还发现，公司品牌形象和国家品牌形象对产品评价的影响关系因消费者全球消费文化融入度的高低而不同。因此，营销管理者在制定具体的营销方案时应当认真研究并努力契合顾客对全球化的心理认同，以全球消费文化融入度高的消费者为目标顾客，进行更为精确的市场细分和更具体的营销沟通。具体来讲包括以下内容。

首先，根据实证结果，在以欧、美、日及澳大利亚等发达国家或地区的消费者为样本进行分析时，全球消费文化融入度在公司品牌形象和国家品牌形象对产品评价的影响关系中不存在显著的调节作用，"MADE IN CHIAN"对于这类消费者来讲并不具有真正全球品牌的吸引力，不符合世界流行趋势。因此，当中国的跨国公司在开发欧、美、日及澳大利亚等发达国家或地区的成熟市场时，更应该注重企业实力和产品自身属性的宣传，更加注重产品的质量、性能和方便性等自身属性方面的宣传和促销。其次，本书研究还发现，在针对发展中国家消费者研究时，全球消费文化融入度在公司品牌形象对产品评价的影响关系中存在显著的正向调节作用，在国家品牌形象对产品评价的影响关系中不存在显著的调节作用。因此，中国的跨国公司在进入此类市场时，可以突出产品来源企业的整体品牌形象，加大企业整体品牌形象的宣传，满足他们界定自己是"全球社群"成员的要求。最后，在以欠发达国家的消费者为样本进行分析时，全球消费文化融入度在公司品牌形象和国家品牌形象对产品评价的影响关系中都存在正向显著的调节作用，这说明中国的公司品牌形象和国家品牌形象在此类消费者心中已经得到了较高的认同，来自中国的产品对他们来讲具有较强的吸引力，符合他们追逐国际化潮流的心理需要。因此，中国的跨国公司在进入这类市场时，除产品自身的宣传外，还可以着重突出产品的来源企业和来源国的整体品牌形象，使得企业的营销策略能够"双管齐下"，以占领更高的市场份额，进而赢得国际市场。

6.2.2 政府政策建议

对于政府来讲，应该充分认识到国家品牌形象塑造的重要性，采用相应措施进一步提升本国在国际社会上的整体形象，并真正为本国企业有效实施的"走出去"战略提供良好的政策环境。

1. 加大国家形象宣传，打造强势的国家品牌形象

国家品牌形象是本国企业和产品的根基和土壤，良好的国家品牌形象能够为本国的产品和企业走向国际市场提供一个腾飞的舞台。只有从整体上塑造强势的国家品牌形象，才能使本国的企业和产品真正进入发达国家的高端市场，得到最具话语权的消费人群的认可。在这一过程中，政府部门应该承担起打造国家品牌形象的责任，努力提高本国的国家品牌形象。近年来，越来越多国家的政府都认识到了这一点，各国政府都付出了很大的努力，它们在国家品牌形象的宣传方面投入了更多的精力。如2011年，墨西哥投入数百万美元用于旅游广告，以期改变国家品牌形象；2012年，泰国投入约5.6亿人民币实施新的旅游宣传活动"泰国欢迎全世界"等。对于中国的国家品牌形象来说，在当前的国际市场上还存在着对中国国家品牌形象的负面认知。在这种思维定式下，企业要掌握国际终端用户资源就显得举步维艰。这就需要我们提升国家品牌形象，积累国家品牌资产，并通过广告、媒体公关、展会活动等，将中国作为世界经济与制造大国的正面国家形象客观及时地展示给世界。近年来，我国政府越来越重视国家品牌形象的塑造。这也是我国政府从2008年的奥运会，到2009年在纽约时代广场播放国家形象宣传片，到2010年的世博会，再到2014年APEC会议大力宣传中国形象的一个重要原因。

2. 完善市场体系，为企业品牌策略提供制度保障

有一点毋庸置疑的是，中国的市场潜力和市场容量是非常可观的，但

是这样的市场环境没有培育出很多具有全球影响力的品牌，这与目前中国的市场环境脱不了干系。事实上，在经济全球化趋势下，中国市场对外资企业已经高度开放，对民族企业却有些不同。因此，政府应该站到前台带头支持中国企业实施品牌策略。具体来讲，首先对于政府采购项目，应该先考虑中国优秀企业所生产的具有自主知识产权的品牌产品，尽可能实行按国际惯例的倾斜政策；其次，政府完善国内市场体系，以塑造、培育和扶植本国品牌的市场基础；最后，政府要为中国企业特别是中国的优秀跨国经营企业在塑造强势公司品牌过程中创造健全的市场基础和舆论引导条件，鼓励和支持有发展潜力的中国企业"走出去"开拓国际市场，更要为本国的企业占领国际市场营造一个良好的外部环境，致力于为中国企业打造强势的国际知名品牌"保驾护航"。

此外，目前中国企业难以形成具有自主知识产权的全球知名品牌，这与本国制度环境有密切的关系。首先，在现有中国的企业制度环境中，企业内部难以成长出具有长远眼光的利益代表集团；其次，条块分割的政府决策体制很难建立统一的市场，在这种市场环境下，少数有眼光的企业难以形成像西方市场体制中那样寡头垄断的市场结构，这样由于企业实力的不足，难以在生产、研发等方面进行大的资金投入；再次，企业之间的竞争能力不足及政府对某些重要行业的垄断，也使得某些产业难以出现全球知名品牌。因此，中国政府应继续出台一系列的扶持政策，继续推动产业升级和技术改革，提高中国产品的技术含量与附加值，完善相应的法律法规，使中国企业真正摆脱"为别人作嫁衣"的局面，真正地做大做强。

3. 着力发扬民族文化，引导消费导向

在跨国经营环境中，越来越多的企业进入中国市场，这对我国的民族品牌来说是一个重大的冲击，本国企业的市场份额会大幅度的减少。究其原因，无疑是国内消费者的"崇洋媚外"心理。但其根源在于我们自身，很多人特别是年轻人对欧美等西方流行文化过度崇拜，对来自国外的产品盲目追寻。如根据2015年美国苹果公司的销售情况，苹果2015年第一财季在大中华地区共创造了161亿美元营收入，中国地区的销售额相当于苹果在全球销售额的22%，截至2014年底，中国成为全球第二大iPhone销售市场，仅次于美国，iPhone昂贵的市场价格并没有丝毫影响中国消费者的购买热情。甚至还有一些消费者，即使表面上赞同中国企业要努力自创品牌，但是在实际购买决策时，也会优先选择国外的著名品牌，这进一步反映了消费者的非理性行为。这并不意味着中国生产的产品在品质上与来自欧美的产品有什么根本的不同，很多时候是消费者的消费心理和消费意识引起的。因此，中国企业要创建强势的国际知名品牌，并非是一个简单的企业策略选择问题，更有可能是一个民族文化自信心的重塑过程。那么，政府在这一过程中应起到引导消费舆论的作用，积极传播中国自身民族文化的特定含义和特殊优势，为本国的跨国公司赢得市场份额做出必要的贡献。

因此，总体来讲，良好的国家品牌形象是本国企业和产品走向国际市场的一个重要的宏观外部环境，是一个基础性的因素，而公司品牌形象可以看作一个较为微观的环境，它通过一个公司整体实力的提升来赢得国际市场。当一个国家的外部环境还不够成熟时，企业也可以率先突破，通过自己的努力取得一定的成功，占领国际市场。华为就是一个典型的例子，虽然我们国家的国家品牌形象在发达国家消费者心中的评价还不是很高，但华为公司通过自己的努力也取得了一定的成功，占领了较高的国际市场份额，为中国企业走向国际市场树立了一个很好的榜样。

6.3 研究局限与展望

6.3.1 研究局限

1. 数据收集方面

无论是问卷的设计还是问卷的搜集，都占用了大量的时间和精力，由于调研对象的特殊性，本书的问卷搜集更是付出了很多的努力。虽然本书按照既定的科学研究程序完成了本研究所预想的研究目的，但是在研究过程中，特别是在预调查阶段，由于占用的数据较少，本书没有进行探索性因子分析。但是在正式问卷调查阶段，本书对问卷的信度和效度进行了充分的考量。虽然从整体上来看，在正式调查过程中所得到的有效问卷数量满足了样本统计的要求，但同时也存在随机性不够的问题，这可能会在一定程度上影响所得研究结论的普适性。

2. 变量的测度方面

本书在研究过程中主要采用李克特五级量表对公司品牌形象、国家品牌形象、全球消费文化融入度、产品涉入度和产品评价进行测度，使用的是国外成熟的量表，在研究中也验证了量表具有较好的信度和效度。但是，由于测评方法本身具有的主观性特征，在一定程度上不可避免会使得研究中所涉及的变量的可靠性和准确性受到影响。

3. 样本的代表性方面

作为探索性研究，由于时间和成本等的限制，本书的被调研者局限于生活在中国的外国消费者。虽然被调查对象的来源国家种类较为全面，样本也符合本研究中研究模型的特定情形（文章需要被调研者对公司品牌形象进行评价，需要被调研者对所评价公司有一个大致的总体概念），但是，广泛的大样本研究得出的结论也许更为可靠，这也是以后努力的一个方向。

6.3.2　未来展望

任何研究都会由于受到主客观条件的限制而呈现一些局限性与不足，本书的研究也不例外，正是因为存在这样的情况，才会敦促本研究沿着这个方向不停地前行，以取得更好的研究成果。本研究在对本书局限性和不足之处进行总结的基础上，亦对后续可能进行的研究进行了探索。首先，为使研究结论更加丰富和完善，可以对本研究中采用的理论研究模型进一步拓展，比如在本书研究的基础上，继续增加品牌关系和品牌依恋等影响因素，或者探讨其他变量的引入在公司品牌形象或国家品牌形象对消费者产品评价过程中的中介作用或调节作用，进一步补充和完善研究模型。其次，进行大规模的数据调研，以进一步检验本研究模型的普适性，得出更为权威性的结论。

参考文献

中文参考文献

[1] [美] 戴维·阿克. 管理品牌资产 [M]. 吴进操, 常小虹, 译. 北京: 机械工业出版社, 2012.

[2] [美] 邓肯·莫里亚蒂. 品牌至尊: 利用整合营销创造终极价值 [M]. 廖宜怡, 译. 北京: 华夏出版社, 2000.

[3] [美] 凯文·莱恩·凯勒. 战略品牌管理 [M]. 卢泰宏, 吴水龙, 译. 3版. 北京: 中国人民大学出版社, 2009.

[4] 吴剑琳, 代祺, 古继宝. 产品涉入度、消费者从众与品牌承诺: 品牌敏感的中介作用-以轿车消费市场为例 [J]. 管理评论, 2011, 9: 68-75.

[5] 才源源. 积极情绪对品牌来源国效应的影响作用研究 [D]. 华东师范大学, 2013.

[6] 陈尧坤, 陈毅文. 企业形象研究综述 [J]. 心理科学进展, 2007, 1: 44-51.

[7] 范庆基. 中国国家形象、企业形象与品牌形象的影响关系——基于韩国消费者评价视角 [J]. 北京: 营销科学学报, 2011, 7(1): 99-114.

[8] 范秀成, 陈洁. 品牌形象综合测评模型及其应用 [J]. 南开学报, 2002, 3: 65-71.

[9] 范秀成. 品牌权益及其测评体系分析 [J]. 南开管理评论, 2000, 1: 9-15.

[10] 方正, 江明华, 杨洋, 等. 产品伤害危机应对策略对品牌资产的影响研究——企业声誉与危机类型的调节作用 [J]. 管理世界, 2010, 12: 105-118.

[11] 符国群, 佟学英. 品牌、价格和原产地如何影响消费者的购买选择 [J]. 管理科学学报, 2003, 6: 79-84.

[12] 关辉, 董大海. 中国本土品牌形象对感知质量-顾客满意-品牌忠诚影响机制的实证研究——基于消费者视角 [J]. 管理学报, 2008, 4: 583-590.

[13] 郭国庆, 牛海鹏, 刘婷婷, 等. 品牌体验对品牌忠诚驱动效应的实证研究——以不同产品卷入度品牌为例[J]. 经济与管理评论, 2012, 2: 58-66.

[14] 郭洪. 品牌营销学[M]. 成都: 西南财经大学出版社, 2006.

[15] 郭锐, 陶岚, 汪涛, 等. 民族品牌跨国并购后的品牌战略研究——弱势品牌视角[J]. 南开管理评论, 2012, 15 (3): 42-50.

[16] 郭晓凌, 张梦霞. 全球消费导向对消费者全球品牌态度的作用及路径研究[J]. 经济与管理研究, 2011, 9: 105-115.

[17] 郭晓凌, 王永贵. 消费者的全球消费导向与全球品牌态度——主效应、调节效应及中美差异[J]. 南开管理评论, 2013, 16 (6): 4-18.

[18] 郭晓凌. 品牌质量差异、消费者产品涉入程度对品牌敏感的影响研究[J]. 南开管理评论, 2007, 10 (3): 13-18.

[19] 韩慧林, 孙国辉. 国家品牌研究述评与管理启示[J]. 现代管理科学, 2014, 9: 9-11.

[20] 韩慧林, 孙国辉. 基于中国企业跨国经营的公司品牌影响机理研究[J]. 商业经济与管理, 2015, 9: 37-45.

[21] 韩中和. 品牌国际化战略[M]. 上海: 复旦大学出版社, 2003.

[22] 何骥. "中国制造" 的困境与出路[J]. 当代经济, 2008, 17: 78-79.

[23] 侯杰泰, 成子娟. 结构方程模型的应用及分析策略[J]. 心理学探新, 1999, 19 (1): 54-59.

[24] 胡大立, 谌飞龙, 吴群. 企业品牌与区域品牌的互动[J]. 经济管理, 2006, 5: 44-48.

[25] 黄合水. 产品评价的来源国效应[J]. 心理科学进展, 2003, 11 (6): 692-699.

[26] 黄劲松, 赵平, 陆奇斌. 品牌熟悉对广告过程中品牌态度改变的影响[J]. 心理科学, 2006, 29 (4): 970-972.

[27] 黄胜兵, 卢泰宏. 品牌的阴阳二重性——品牌形象的市场研究方法[J]. 南开管理评论, 2000, 2: 27-30.

[28] 江红艳, 王海忠, 钟科. 品牌丑闻对国家形象的溢出效应: 原产国刻板印象内容的调节作用[J]. 商业经济与管理, 2014, 6: 55-64.

[29] 蒋廉雄, 卢泰宏. 形象创造价值吗?——服务品牌形象对顾客价值—满

意—忠诚关系的影响[J].管理世界, 2006, 4: 106-114.

[30]蒋廉雄, 朱辉煌. 品牌认知模式与品牌效应发生机制: 超越"认知-属性"范式的理论建构[J]. 管理世界, 2010, 9: 95-115.

[31]焦璇, 吕建红, 陈毅文. 品牌形象系统的因素结构[J]. 心理学报, 2004, 36 (3): 359-364.

[32]金立印. 消费者企业认同感对产品评价及行为意向的影响[J]. 南开管理评论, 2006, 3: 16-21.

[33]金玉芳, 董大海, 刘瑞明. 消费者品牌信任机制建立及影响因素的实证研究[J].南开管理评论, 2006, 5: 28-35.

[34]康庄, 石静. 品牌资产、品牌认知与消费者品牌信任关系实证研究[J]. 华东经济管理, 2011, 25 (3): 99-103.

[35]冷志明. "中华老字号"品牌发展滞后原因及其对策研究[J]. 北京工商大学学报: 社会科学版, 2004, 19 (1): 55-57.

[36]李东进, 安钟石, 周荣海, 等. 基于Fishbein合理行为模型的国家形象对中国消费者购买意向影响研究——以美、德、日、韩四国国家形象为例[J]. 南开管理评论, 2008, 11 (5): 40-49.

[37]李东进, 董俊青, 周荣海. 地区形象与消费者产品评价关系研究——以上海和郑州为例[J]. 南开管理评论, 2007, 10 (2): 60-68.

[38]李东进, 吴波, 武瑞娟. 中国消费者购买意向模型——对Fishbein合理行为模型的修正[J]. 管理世界, 2009, 1: 121-129.

[39]李东进, 周荣海, 安钟石. 原产国和消费者民族中心主义对组织购买者产品评价的影响[J]. 中大管理研究, 2007, 3: 1-22.

[40]李惠璠, 罗海成, 姚唐. 企业形象对顾客态度忠诚与行为忠诚的影响模型——来自零售银行业的证据[J]. 管理评论, 2012, 24 (6): 88-97.

[41]李钰. 商店形象对自有品牌信任及购买意愿影响的实证研究[J]. 南开管理评论, 2010, 13 (2): 79-89.

[42]李忠宽. 品牌形象的整合传播策略[J]. 管理科学, 2003, 16 (2): 63-66.

[43]刘洪深, 王宁, 徐岚. 产品评价的来源国分解效应: 欠发达国家视角[J]. 商业经济与管理, 2012 (4): 56-63.

[44] 刘家凤. 公司品牌价值观研究的社会道德化取向及其影响 [J]. 经济与管理, 2013, 27(1): 64-68.

[45] 刘志彪. 全球化背景下中国制造业升级的路径与品牌战略 [J]. 财经问题研究, 2005, 5: 25-31.

[46] 楼尊. 自助服务技术条件下的顾客迁移: 感知促销强度与产品熟悉度的影响 [J]. 华东经济管理, 2010, 24(6): 106-111.

[47] 卢泰宏, 黄胜兵, 罗纪宁. 论品牌资产的定义 [J]. 中山大学学报: 社会科学版, 2000, 40(4): 17-22.

[48] 卢泰宏, 吴水龙, 朱辉煌, 等. 品牌理论里程碑探析 [J]. 外国经济与管理, 2009, 31(1): 32-42.

[49] 卢泰宏, 周志民. 基于品牌关系的品牌理论: 研究模型及展望 [J]. 商业经济与管理, 2003, 2: 4-9.

[50] 陆娟, 张东晗. 消费者品牌忠诚影响因素实证分析 [J]. 财贸研究, 2004, 15(6): 39-46.

[51] 裘晓东, 赵平. 品牌忠诚度及其测评研究 [J]. 现代财经: 天津财经大学学报, 2004, 22(10): 8-10.

[52] 孙国辉, 韩慧林. 公司品牌形象和国家品牌形象对购买意向的影响——基于中国跨国公司的实证分析 [J]. 经济管理, 2015, 37(4): 84-94.

[53] 孙国辉, 姜浩. 品牌来源国形象对跨国品牌联合效应的影响——基于个人电脑消费者调研数据的分析 [J]. 经济管理, 2014, 36(7): 80-89.

[54] 孙丽辉, 郑瑜. 西方原产国效应理论研究回顾及其评价 [J]. 财贸经济, 2009, 5: 79-84.

[55] 田阳, 王海忠, 陈增祥. 公司形象对消费者信任和购买意向的影响机制 [J]. 商业经济与管理, 2009, 9: 65-72.

[56] 汪涛, 邓劲. 国家营销、国家形象与国家软实力 [J]. 武汉大学学报: 哲学社会科学版, 2010 (2): 249-253.

[57] 汪涛, 张琴, 张辉, 等. 如何削弱产品来源国效应——产品信息呈现方式的影响研究 [J]. 心理学报, 2012, 44(6): 841-852.

[58] 汪涛, 周玲, 周南, 等. 来源国形象是如何形成的? ——基于美、印消费者

评价和合理性理论视角的扎根研究[J]. 管理世界, 2012, 3: 113-126.

[59] 王海忠, 陈增祥, 司马博. 跨国并购中品牌重置策略对新产品评价的影响机制研究[J]. 中国工业经济, 2011, 11: 100-108.

[60] 王海忠, 赵平. 公司品牌形象对经销商关系导向的影响——基于主导地位制造商的中国实证[J]. 中国工业经济, 2008, 3: 93-100.

[61] 王海忠, 赵平. 品牌原产地效应及其市场策略建议——基于欧、美、日、中四地品牌形象调查分析[J]. 中国工业经济, 2004, 1: 78-86.

[62] 王海忠, 消费者民族中心主义的中国本土化研究[J]. 南开管理评论, 2003, 4: 31-34.

[63] 王寒, 申琦. 消费者感知契合度与延伸评价悖论研究——涉入度与品牌概念类型的调节作用[J]. 财经问题研究, 2014, 7: 124-128.

[64] 王新新, 薛海波. 品牌社群社会资本、价值感知与品牌忠诚[J]. 管理科学, 2010, 23 (6): 53-63.

[65] 王长征, 寿志钢. 西方品牌形象及其管理理论研究综述[J]. 外国经济与管理, 2007, 29 (12): 15-22.

[66] 吴坚, 符国群. 品牌来源国和产品制造国对消费者购买行为的影响[J]. 管理学报, 2007, 5: 593-601.

[67] 吴水龙, 胡左浩, 于春玲, 等. 品牌全球化形象对消费者选择的影响: 调节因素的分析[J]. 商业经济与管理, 2012, 12: 52-60.

[68] 吴水龙, 刘长琳, 卢泰宏. 品牌体验对品牌忠诚的影响: 品牌社区的中介作用[J]. 商业经济与管理, 2009, 7: 80-90.

[69] 吴水龙, 卢泰宏, 蒋廉雄. 公司品牌研究述评[J]. 外国经济与管理, 2009, 31 (3): 30-37.

[70] 吴水龙, 卢泰宏. 公司品牌与产品品牌对购买意向影响的实证研究[J]. 管理学报, 2009, 1: 112-117.

[71] 吴水龙. 公司品牌对产品评价影响研究的新进展[J]. 外国经济与管理, 2009, 12: 45-50.

[72] 夏先良. 中国企业从OEM升级到OBM的商业模式抉择[J]. 财贸经济, 2003, 9: 64-69.

[73]熊仕平. 品牌战略与产品推广策划 [M]. 北京: 中国经济出版社, 2003.

[74]许基南. 原产地形象、企业品牌与营销策略 [J]. 当代财经, 2004, 4: 60-63.

[75]许娟娟, 付雅莲. 品牌架构类型分析: 公司品牌和产品品牌的结构性关系 [J]. 现代管理科学, 2009, 8: 62-64.

[76]许晓勇, 吕建红, 陈毅文. 品牌形象的消费行为学研究 [J]. 心理科学进展, 2003, 11(4): 464-468.

[77]许正良, 古安伟. 基于关系视角的品牌资产驱动模型研究 [J]. 中国工业经济, 2011, 10: 109-118.

[78]阎志军. 全球化视野下的国家品牌形象构建 [J]. 国际经济合作, 2010, 6: 21-24.

[79]杨妙姝. 原产国效应和公司品牌形象价值对跨国公司厂址决策的影响分析 [D]. 对外经济贸易大学, 2014.

[80]杨伟文, 刘新. 品牌认知对消费者购买行为的影响 [J]. 商业研究, 2010, 3: 158-162.

[81]杨一翁, 孙国辉. 公司品牌的相关概念辨析 [J]. 商业时代, 2014, 35: 69-70.

[82]杨一翁, 孙国辉. 国家、公司和产品品牌形象对消费者态度与购买倾向的作用机制——基于运动品牌的数据 [J]. 经济管理, 2013, 1: 99-109.

[83]于春玲, 王海忠, 赵平, 等. 品牌忠诚驱动因素的区域差异分析 [J]. 中国工业经济, 2005, 12: 115-121.

[84]于春玲, 赵平. 品牌资产及其测量中的概念解析 [J]. 南开管理评论, 2003, 1: 10-13.

[85]余明阳, 姜炜. 品牌管理学 [M]. 上海: 复旦大学出版社, 2006.

[86]袁胜军, 符国群. 原产地形象对中国品牌国际化的启示 [J]. 软科学, 2012, 2: 41-45.

[87]原永丹, 董大海, 张海松, 等. 产品熟悉度对激活域大小影响的实证研究 [J]. 科学学与科学技术管理, 2007, 28(4): 156-160.

[88]张维迎. 品牌价值与中国企业的国际化战略 [J]. 管理评论, 2002, 6: 11-13.

[89]张珣, 徐彪, 彭纪生. 来源国形象、企业形象对消费者购买意愿的影响研究 [J]. 财贸研究, 2013, 6: 123-132.

［90］赵丹青. 网民评论对消费态度和意愿的影响——信源可信度、品牌熟悉度与其他影响因素的交互作用研究［D］. 上海交通大学, 2010.

［91］周志民, 李蜜. 西方品牌社群研究述评［J］. 外国经济与管理, 2008, 30 (1)：46-51.

［92］朱翊敏, 李蔚, 刘容. 慈善营销中契合度、熟悉度和产品性质对消费者响应的影响［J］. 南开管理评论, 2012, 15 (3)：33-41.

英文参考文献

［1］Aaker D A. Leveraging the Corporate Brand［J］. California Management Review, 2004, 46 (3)：6-18.

［2］Aaker D A. Measuring Brand Equity Across Products and Markets［J］. California Management Review, 1996, 38 (3)：102-120.

［3］Aaker J L. Dimensions of Brand Personality［J］. Social Science Electronic Publishing, 1997, 34 (3)：347-356.

［4］Aaker J, Brasel S A. When Good Brands Do Bad［J］. Research Papers, 2003, 31 (1)：1-16.

［5］Abratt R, Kleyn N. Corporate Identity, Corporate Branding and Corporate Reputations：Reconciliation and Integration［J］. European Journal of Marketing, 2010, 46 (7-8)：1048-1063.

［6］Ahmed S A, D'Astous A. The Importance of Country Images in the Formation of Consumer Product Perceptions［J］. International Marketing Review, 1999, 16 (2)：108-126.

［7］Akaka M A, Alden D L. Global Brand Positioning Perceptions：International Advertising and Global Consumer Culture［J］. International Journal of Advertising, 2010, 29 (1)：37-56.

［8］Alden D L, Steenkamp J B E M, Al E. Brand Positioning Through Advertising in Asia, North America, and Europe：The Role of Global Consumer Culture［J］. Journal of Marketing, 1999, 63 (1)：75-87.

［9］Allen, G. Place Branding：New Tools for Economic Development［J］.

Design Management Review. 2007, 18（2）: 60-68.

[10] Algesheimer R, Dholakia U M, Herrmann A. The Social Influence of Brand Community: Evidence from European Car Clubs [J]. Journal of Marketing, 2013, 69（4）: 19-34.

[11] Alwi S F S, Kitchen P J. Projecting Corporate Brand Image and Behavioral Response in Business Schools: Cognitive or Affective Brand Attributes? [J]. Journal of Business Research, 2014, 67（11）: 2324-2336.

[12] Anholt S. Forward to the Special Issue on Place Branding [J]. Journal of Brand Management, 2008, 9（4）: 229-239.

[13] Balmer J M T. Identity Based Views of the Corporation: Insights from Corporate Identity, Organisational Identity, Social Identity, Visual Identity, Corporate Brand Identity and Corporate Image [J]. European Journal of Marketing, 2008, 42（9-10）: 879-906.

[14] Balmer J M T. Strategic Corporate Brand Alignment: Perspectives from Identity Based Views of Corporate Brands [J]. European Journal of Marketing, 2012, 46（7-8）: 1064-1092.

[15] Balmer J M T, Greyser S A. Corporate Marketing: Integrating Corporate Identity, Corporate Branding, Corporate Communication, Corporate Image and Corporate Reputation [J]. European Journal of Marketing, 2006, 40: 730-741.

[16] Basfirinci Z C C. The Impact of Consumer Ethnocentrism, Product Involvement, and Product Knowledge on Country of Origin Effects: An Empirical Analysis on Turkish Consumers' Product Evaluation [J]. Journal of International Consumer Marketing, 2014, 26（4）: 284-310.

[17] Batra R, Ramaswamy V, Alden D L, et al. Effects of Brand Local and Nonlocal Origin on Consumer Attitudes in Developing Countries [J]. Journal of Consumer Psychology, 2000, 2（2）: 83-95.

[18] Berens G, van Riel C B M, van Bruggen G H. Corporate Associations and Consumer Product Responses: The Moderating Role of Corporate Brand

Dominance [J]. Journal of Marketing, 2005, 69 (3): 35-48.

[19] Berens G, van Riel C B M. Corporate Associations in the Academic Literature: Three Main Streams of Thought in the Reputation Measurement Literature [J]. Corporate Reputation Review, 2004, 7 (2): 161-178.

[20] Bhattacharya CB, Sen S. Consumer-Company Identification: A Framework for Understanding Consumer's Relationships with Companies [J]. Journal of Marketing, 2003, 67 (4): 76-88.

[21] Bian X, Moutinho L. The Role of Brand Image, Product Involvement, and Knowledge in Explaining Consumer Purchase Behaviour of Counterfeits: Direct and Indirect Effects [J]. European Journal of Marketing, 2011, 45 (1/2): 191-216.

[22] Bilkey W J, Nes E. Country-of-Origin Effects on Product Evaluations [J]. Journal of International Business Studies, 1982, 13 (1): 89-100.

[23] Blomback A, Axelsson B. The Role of Corporate Brand Image in the Selection of New Subcontractors [J]. Journal of Business & Industrial Marketing, 1986 (6): 418-430.

[24] Brammer S, Millington A. The Effect of Stakeholder Preferences, Organizational Structure and Industry Type on Corporate Community Involvement [J]. Journal of Business Ethics, 2003, 45 (3): 213-226.

[25] Bravo R, Montaner T, Pina J M. Corporate Brand Image of Financial Institutions: A Consumer Approach [J]. Journal of Product & Brand Management, 2012, 21 (4): 232-245.

[26] Brodie R J, Ilic A, Juric B, et al. Consumer Engagement in a Virtual Brand Community: An Exploratory Analysis [J]. Journal of Business Research, 2011, 66 (1): 105-114.

[27] Brodie R J, Whittome J R M, Brush G J. Investigating the Service Brand: A Customer Value Perspective [J]. Journal of Business Research, 2009, 62 (3): 345-355.

[28] Brown T J, Dacin P A. The Company and The Product: Corporate

Associations and Consumer Product Responses [J].Journal of Marketing, 1997, 61(1): 68-84.

[29] Brown T J. Corporate Associations in Marketing: Antecedents and Consequences [J]. Corporate Reputation Review, 1998, 1(3): 215-233.

[30] Buller J B C. Product Involvement, Brand Loyalty, and Country-of-Origin Brand Preferences of Japanese Wine Consumers [J]. Journal of Wine Research, 2013, 24(1): 38-58.

[31] Carmen Hochgraefe, Saskia Faulk, Michael Vieregge. Links Between Swiss Hotel Guests' Product Involvement and Brand Loyalty [J]. Journal of Hospitality Marketing & Management, 2012, 21(1): 20-39.

[32] Chao P. Impact of Country-of-Origin Dimensions on Product Quality and Design Quality Perceptions [J]. Journal of Business Research, 1998, 42 (1): 1-6.

[33] Chattalas M, Kramer T, Takada H. The Impact of National Stereotypes on the Country of Origin Effect: A Conceptual Framework [J]. International Marketing Review, 2008, 25(1): 54-74.

[34] Chaudhuri A, Holbrook M B. The Chain of Effects From Brand Trust and Brand Affect to Brand Performance: The Role of Brand Loyalty [J]. Journal of Marketing, 2001, 65(2): 81-93.

[35] Chaudhuri A. How Brand Reputation Affects the Advertising-Brand Equity Link [J]. Journal of Advertising Research, 2002, 42(3): 33-43.

[36] Chin-Shan Wu, Fei-Fei Cheng, David C. Yen. The Role of Internet Buyer's Product Familiarity and Confidence in Anchoring Effect [J]. Behaviour & Information Technology, 2012, 31(9): 829-838.

[37] Chung J Y. Brand Popularity, Country Image and Market Share: An Empirical Study [J]. Journal of International Business Studies, 1997, 28 (2): 361-386.

[38] Cleveland M, Laroche M. Acculturation to the Global Consumer Culture: Scale Development and Research Paradigm [J]. Ageing Research

Reviews, 2007, 7 (4) : 319-329.

[39] Cobb-Walgren C J, Donthu N. Brand Equity, Brand Preference, and Purchase Intent [J]. Journal of Advertising, 2013, 24 (3) : 25-40.

[40] Dacin P A, Brown T J. Corporate Identity and Corporate Associations: A Framework for Future Research [J]. Corporate Reputation Review, 2002, 5 (2-3) : 254-263.

[41] David M. Horowitz. A Review of Consensus Analysis Methods in Consumer Culture, Organizational Culture and National Culture Research [J]. Consumption Markets & Culture, 2009, 12 (1) : 47-64.

[42] Dawar N, Lei J. Brand crises: The Role of Brand Familiarity and Crisis Relevance in Determining the Impact on Brand Evaluations [J]. Journal of Business Research, 2009, 62 (4) : 509-516.

[43] Dekhili S, Achabou M A. The Influence of the Country-of-Origin Ecological Image on Ecolabelled Product Evaluation: An Experimental Approach to the Case of the European Ecolabel [J]. Journal of Business Ethics, 2015, 131 (1) : 89-106.

[44] Dennis C B, Roland B D, Barry L. The Impact of Twelve-Step Program Familiarity and Its In-Session Discussion on Counselor Credibility. [J]. American Journal of Drug & Alcohol Abuse, 2013, 39 (5) : 298-303.

[45] Diamantopoulos A. The Relationship Between Country-of-Origin Image and Brand Image as Drivers of Purchase Intentions [J]. International Marketing Review, 2013, 28 (5) : 508-524.

[46] Dimofte C V, Johansson J K, Ronkainen I A. Cognitive and Affective Reactions of U.S. Consumers to Global Brands [J]. Journal of International Marketing, 2008, 16 (4) : 113-135.

[47] Dinnie K. Place Branding: Overview of an Emerging Literature [J]. Place Branding, 2004, 1 (1) : 106-110.

[48] Dong L, Tian K. The Use of Western Brands in Asserting Chinese National Identity [J]. Journal of Consumer Research, 2009, 36 (3) : 504-523.

[49] Dooley G, Bowie D. Place Brand Architecture: Strategic Management of the Brand Portfolio [J]. Place Branding, 2005, 1(4): 402-419.

[50] Ellen P S, Webb D J, Mohr L A. Building Corporate Associations: Consumer Attributions for Corporate Socially Responsible Programs [J]. Journal of the Academy of Marketing Science. 2006, 34(2): 147-157.

[51] Eric J. Arnould, Craig J. Thompson. Consumer Culture Theory (CCT): Twenty Years of Research [J]. Journal of Consumer Research, 2005, 31 (4): 868-882.

[52] Fanning, J.. Branding and Begorranh: the Importance of Ireland's Nation Brand Image [J]. Irish Marketing Review, 2014, 21(1): 23-31.

[53] Fetscherin M. The Measurement and Determinants of a Country Brand: The Country Brand Strength Index [J]. International Marketing Review, 2010, 27(4): 466-479.

[54] Fong J., Burton, S. A Cross-Cultural Comparison of Electronic Word-of-Mouth and Country-of-Origin Effects [J]. Journal of Business Research, 2012, 61(3): 233-242.

[55] Fournier S. Consumers and Their Brands: Developing Relationship Theory in Consumer Research [J]. Journal of Consumer Research, 1998, 24(4): 343-73.

[56] Ghosh B C, Ahmed Z U, Lie M A C M. Congruence of Brand Image and Corporate Image: An International Business Perspective [J]. Journal of Transnational Management Development, 2005, 9(4): 49-72.

[57] Glynn M S. Primer in B2B Branding-Building Strategies with a Reader Practicum [J]. Journal of Business Research, 2012, (5): 666-675.

[58] Godey B, Pederzoli D, Aiello G et al. Brand and Country-of-Origin Effect on Consumers' Decision to Purchase Luxury Products [J]. Journal of Business Research, 2013, 65(10): 1461-1470.

[59] Grewal D, Krishnan R, Baker J, et al. The Effect of Store Name, Brand Name and Price Discounts on Consumers' Evaluations and Purchase

Intentions [J]. Journal of Retailing, 1998, 74 (3): 331-352.

[60] Guadagni P M, Little J D C. A Logit Model of Brand Choice Calibrated on Scanner Data [J]. Marketing Science, 2008, 27 (1): 29-48.

[61] Gudjonsson H. Nation branding [J]. Place branding, 2005, 1 (3): 283-298.

[62] Gürhan-Canli Z, Batra R. When Corporate Image Affects Product Evaluations: The Moderating Role of Perceived Risk [J]. Journal of Marketing Research, 2004, 41 (2): 197-205.

[63] Gürhan-Canli Z, Maheswaran D. Cultural Variations in Country of Origin Effects [J]. Journal of Marketing Research, 2000, 37 (3): 309-317.

[64] Hammond K, Dowling G R, Uncles M D. Customer Loyalty and Customer Loyalty Programs [J]. Journal of Consumer Marketing, 2003, 20 (4): 294-316.

[65] Hamzaoui-Essoussi L, Merunka D, Bartikowski B. Brand Origin and Country of Manufacture Influences on Brand Equity and the Moderating Role of Brand Typicality [J]. Journal of Business Research, 2011, 64 (9): 973-978.

[66] Han C M. Country Image: Halo or Summary Construct? [J]. Journal of Marketing Research, 1989, 26 (2): 222-229.

[67] Hartston H J, Koran L M. Impulsive Behavior in a Consumer Culture. [J]. International Journal of Psychiatry in Clinical Practice, 2002, 6 (2): 65-68.

[68] Hatch M J, Schultz M. Are the Strategic Stars Aligned for Your Corporate Brand? [J]. Harvard Business Review, 2001, 79 (2): 128-158.

[69] Hawabhay B B, Abratt R, Peters M. The Role of Corporate Communications in Developing a Corporate Brand Image and Reputation in Mauritius [J]. Corporate Reputation Review, 2009, 12 (1): 3-20.

[70] He H, Li Y. CSR and Service Brand: The Mediating Effect of Brand Identification and Moderating Effect of Service Quality [J]. Journal of Business Ethics, 2011, 100 (4): 673-688.

[71] Herbst K C, Finkel E J, Allan D, Fitzsimons G M. On the Dangers of Pulling

a Fast One: Advertisement Disclaimer Speed, Brand Trust, and Purchase Intention [J]. Journal of Consumer Research, 2012, (38): 909-919.

[72] Herrmann A, Kressmann F, Magin S, et al. Dimensions of Brand Attitude and Their Effect on Purchase Intention [M]. New York, 2015.

[73] Higuchi N, Nanako I. Migrant Workers Enchanted with Consumer Society: Transnationalism and Global Consumer Culture in Bangladesh [J]. Inter-Asia Cultural Studies, 2012, 13 (1): 22-35.

[74] Hildebrand D, Sen S, Bhattacharya C B. Corporate Social Responsibility: A Corporate Marketing Perspective [J]. European Journal of Marketing, 2011, 45 (9-10): 1353-1364.

[75] Holt D B. Why Do Brands Cause Trouble? A Dialectical Theory of Consumer Culture and Branding [J]. Journal of Consumer Research, 2002, 29 (1): 70-90.

[76] Hong S T, Wyer Jr R S. Effects of Country-of-Origin and Product-Attribute Information on Product Evaluation: An Information Processing Perspective [J]. Journal of Consumer Research, 1989, 16 (2): 175-187.

[77] Hsieh M H, Pan S L, Setiono R. Product-, Corporate-, and Country-Image Dimensions and Purchase Behavior: A Multi-Country Analysis [J]. Journal of the Academy of Marketing Science, 2009, 32 (3): 251-270.

[78] Hsin Hsin Chang, Ya Ming Liu. The Impact of Brand Equity on Brand Preference and Purchase Intentions in the Service Industries [J]. Service Industries Journal, 2009, 29 (12): 1687-1706.

[79] Hung C H. The Effect of Brand Image on Public Relations Perceptions and Customer Loyalty [J]. International Journal of Management, 2008, 26 (1): 26-42.

[80] Hur W M, Kim H, Woo J. How CSR Leads to Corporate Brand Equity: Mediating Mechanisms of Corporate Brand Credibility and Reputation [J]. Journal of Business Ethics, 2013, 125 (1): 75-86.

[81] Illia L, Balmer J M T. Corporate Communication and Corporate Marketing

Their Nature, Histories, Differences and Similarities [J]. Corporate Communications An International Journal, 2012, 17 (4): 415-433.

[82] Jae-Eun C, Dawn T P, Sun J H. Effects of Country-of-Manufacture and Brand Image on Korean Consumers' Purchase Intention [J]. Journal of Global Marketing, 2009, 22 (1): 21-41.

[83] Jaju A, Joiner C, Reddy S K. Consumer Evaluations of Corporate Brand Redeployments [J]. Journal of the Academy of Marketing Science, 2006, 34 (2): 206-215.

[84] Jason M. Carpenter, Marguerite Moore, Nicholas Alexander, et al. Consumer Demographics, Ethnocentrism, Cultural Values, and Acculturation to the Global Consumer Culture: A Retail Perspective [J]. Journal of Marketing Management, 2013, 29 (3): 271-291.

[85] Jaworski S P, Fosher D. National Brand Identity & Its Effect on Corporate Brands: The National Brand Effect (NBE) [J]. Multinational Business Review, 2013, 11 (2): 99-113.

[86] Jin K L, Lee B K, Lee W N. Country-of-Origin Fit's Effect on Consumer Product Evaluation in Cross-Border Strategic Brand Alliance [J]. Journal of Business Research, 2013, 66 (3): 354-363.

[87] Johansson J K, Nonaka I. Assessing the Impact of Country of Origin on Product Evaluations: A New Methodological Perspective [J]. Journal of Marketing Research, 1985, 22 (4): 388-396.

[88] Johns M K R. The role of MNC's Subsidiaries in Creating Multinational Corporate Brand [J]. Journal of Strategic Marketing, 2015, 23 (6): 1-14.

[89] Karababa E. Approaching Non-Western Consumer Cultures from a Historical Perspective: The Case of Early Modern Ottoman Consumer Culture [J]. Marketing Theory, 2012, 12 (1): 13-25.

[90] Kagan C M, Burton M H. Culture, Identity and Alternatives to the Consumer Culture [J]. Educar em Revista, 2014, 29 (53): 75-89.

[91] Keller K L, Lehmann D R. Brands and Branding: Research Findings and

Future Priorities [J]. Marketing Science, 2006, 25 (6): 740-759.

[92] Keller K L. Brand Synthesis: The Multidimensionality of Brand Knowledge [J]. Journal of Consumer Research, 2003, 29 (4): 595-600.

[93] Keller K L. Building Strong Brands in A Modern Marketing Communications Environment [J]. Journal of Marketing Communications, 2009, (15): 139-155.

[94] Keller K L. Conceptualizing, Measuring, and Managing Customer-Based Brand Equity [J]. Journal of Marketing, 1993, 57 (1): 1-22.

[95] Khosrozadeh, Shirin, Heidarzadeh, et al. The Effect of the Country-of-Origin Image, Product Knowledge and Product Involvement on Consumer Purchase Decisions [J]. 2011 (8): 601-615.

[96] Kim J H, Yong J H. A Model to Investigate the Influence of Marketing-Mix Efforts and Corporate Image on Brand Equity in the IT Software Sector [J]. Industrial Marketing Management, 2011, 40 (3): 424-438.

[97] Kotler P, Gertner D. Country as Brand, Product, and Beyond: A Place Marketing and Brand Management Perspective [J]. Journal of Brand Management, 2002, 9 (4): 249-261.

[98] Kressmann F, Sirgy M J, Herrmann A, et al. Direct and Indirect Effects of Self-Image Congruence on Brand Loyalty [J]. Journal of Business Research, 2006, 59 (9): 955-964.

[99] Kristensen T, Gabrielsen G, Jaffe E D. Is Familiarity a Moderator of Brand/Country Alliances? One More Look [J]. Transnational Marketing Journal, 2014, 2 (2): 61-77.

[100] Laroche M, Papadopoulos N, Heslop L A, et al. The Influence of Country Image Structure on Consumer Evaluations of Foreign Products [J]. International Marketing Review, 2005, 22 (1): 96-115.

[101] Laroche M. Advancing Knowledge of the Global Consumer Culture: Introduction to the Special Issue [J]. Journal of Business Research, 2015, 69 (3): 1071-1073.

[102] Laurent G, Kapferer J N. Measuring Consumer Involvement Profiles [J].

Journal of Marketing Research, 1985, 22 (1): 41-53.

[103] Lee C J. Effects of Sport Mega-Events on City Brand Awareness and Image: Using the 2009 World Games in Kaohsiung as an Example [J]. Quality & Quantity, 2014, 48 (3): 1243-1256.

[104] Lee H, Lee C. Country-of-Origin and Brand Redeployment Impact after Brand Acquisition [J]. Journal of Consumer Marketing, 2011, 28 (6): 412-420.

[105] Lee K M. Toward Nation Branding Systems: Evidence from Brand Korea Development [J]. Journal of International & Area Studies, 2011, 18 (1): 1-18.

[106] Lloyd S, Woodside A. Corporate Brand-Rapture Theory: Antecedents, Processes, and Consequences [J]. Marketing Intelligence & Planning, 2013, 31 (5): 472-488.

[107] Luca L M D, Atuahene-Gima K. Market Knowledge Dimensions and Cross-Functional Collaboration: Examining the Different Routes to Product Innovation Performance [J]. Journal of Marketing, 2007, 71 (1): 95-112.

[108] Luo X, Bhattacharya C B. Corporate Social Responsibility, Customer Satisfaction, and Market Value [J]. Journal of Marketing, 2006, 70 (4): 1-18.

[109] Luo X, Bhattacharya C B. Corporate Social Responsibility, Customer Satisfaction, and Market Value [J]. Journal of Marketing, 2006, 70 (4): 1-18.

[110] Martin I M, Eroglu S. Measuring a Multi-Dimensional Construct: Country image [J]. Journal of Business Research, 1993, 28 (3): 191-210.

[111] Mccracken G. Culture and Consumption: A Theoretical Account of the Structure and Movement of Cultural Meaning of Consumer Goods [J]. Journal of Consumer Research, 1986, 13 (1): 71-84.

[112] Mcgregor S. Consumer Culture: History, Theory and Politics [J]. International Journal of Consumer Studies, 2008, 32 (4): 402-403.

[113] Mela C F, Lehmann D R. The Long-Term Impact of Promotion and Advertising on Consumer Brand Choice [J]. Journal of Marketing

Research, 1997, 34 (2): 248-261.

[114] Melewar T C, Gambetti R C, Martin K D. Special Issue on: Managing Intangible Ethical Assets: Enhancing Corporate Identity, Corporate Brand, and Corporate Reputation to Fulfill the Social Contract [J]. Business Ethics Quarterly, 2015, 24 (1): 162-164.

[115] Mihailovich P. Kinship Branding: A Concept of Holism and Evolution for the Nation Brand [J]. Place Branding, 2006, 2 (3): 229-247.

[116] Mitchell A A, Olson J C. Are Product Attribute Beliefs the Only Mediator of Advertising Effects on Brand Attitude? [J]. Advertising & Socicty Review, 1981, 1 (1): 318-332.

[117] Mohr L A, Webb D J. The Effects of Corporate Social Responsibility and Price on Consumer Responses [J]. Journal of Consumer Affairs, 2005, 39 (1): 121-147.

[118] Mozafari B, Zeng K, Zaniolo C. Global Consumer Culture Positioning: Testing Perceptions of Soft-Sell and Hard-Sell Advertising Appeals Between U.S. and Japanese Consumers [J]. Journal of International Marketing, 2010, 18 (2): 20-34.

[119] Nagashima A. A Comparative "Made in" Product Image Survey among Japanese Businessmen [J]. Journal of Marketing, 1977, 41 (3): 95-100.

[120] Nunnally J. Psychometric Methods [M]. New York, 1978.

[121] Ofir C, Lehmann D R. Measuring Images of Foreign Products [J]. Columbia Journal of World Business, 1986, 21 (2): 105-108.

[122] Okazaki S, Mueller B, Taylor C R. Global Consumer Culture Positioning: Testing Perceptions of Soft-Sell and Hard-Sell Advertising Appeals Between U.S. and Japanese Consumers [J]. Journal of International Marketing, 2010, 18 (2): 20-34.

[123] Papadopoulos N, Louise H. Country as Brand [J]. Ivey Business Journal, 2008, 65 (2): 30-37.

[124] Papadopoulos N, Heslop L. Country Equity and Country Branding:

Problems and Prospects [J]. The Journal of Brand Management, 2002, 9 (4): 294-314.

[125] Park C W, Lessig V P. Familiarity and Its Impact on Consume Biases and Heuristics [J]. Journal of Consumer Research, 1981, 8 (2): 223-30.

[126] Park J, Stoel L. Effect of Brand Familiarity, Experience and Information on Online Apparel Purchase [J]. International Journal of Retail & Distribution Management, 2008, 33 (2): 148-160.

[127] Pathak D. Consumer Culture, Modernity and Identity [J]. Journal of Intercultural Studies, 2015, 36 (2): 241-243.

[128] Pauwels K, Siddarth S. The Long-Term Effects of Price Promotions on Category Incidence, Brand Choice, and Purchase Quantity [J]. Journal of Marketing Research, 2002, 39 (4): 421-439.

[129] Penaloza L, Mish J. The Nature and Processes of Market Co-Creation in Triple Bottom Line Firms: Leveraging Insights from Consumer Culture Theory and Service Dominant Logic [J]. Marketing Theory, 2011, 11 (1): 9-34.

[130] Peng L, Wong A H K, Wan C H L. The Effects of Image Congruence and Self-Monitoring on Product Evaluations: A Comparison Between Genuine and Counterfeit Products [J]. Journal of Global Marketing, 2012, 25 (1): 17-28.

[131] Phau I, Prendergast G. Conceptualizing the Country of Origin of Brand [J]. Journal of Marketing Communications, 2007, 6 (3): 159-170.

[132] Pollard D E. China Made: Consumer Culture and the Creation of the Nation (review) [J]. Enterprise & Society, 2004, 11 (2): 339-343.

[133] Porter M E, Kramer M R. The Competitive Advantage of Corporate Philanthropy [J]. Harvard Business Review, 2002, 80 (12): 56-68.

[134] Powell S M. The Nexus Between Ethical Corporate Marketing, Ethical Corporate Identity and Corporate Social Responsibility: An Internal Organisational Perspective [J]. European Journal of Marketing, 2011, 45

(9-10): 1365-1379

[135] Prendergast G P, Tsang A S L, Chan C N W. The Interactive Influence of Country of Origin of Brand and Product Involvement on Purchase Intention [J]. Journal of Consumer Marketing, 1984, 27 (2): 180-188.

[136] Punj G, Srinivasan N. Influence of Expertise and Purchase Experience on the Formation of Evoked Sets [J]. Advances in Consumer Research, 1989, 16 (1): 507-514.

[137] Quester P G, Karunaratna A R. Influence of Cognition on Product Component Country of Origin Evaluation [J]. Asia Pacific Journal of Marketing and Logistics, 2007, 19 (4): 349-362.

[138] Ranjbarian B, Sanayei A, Kaboli M R, et al. An Analysis of Brand Image, Perceived Quality, Customer Satisfaction and Re-purchase Intention in Iranian Department Stores [J]. International Journal of Business & Management, 2012, 7 (6): 291-305.

[139] Riefler P. Why Consumers Do (not) Like Global Brands: The Role of Globalization Attitude, GCO and Global Brand Origin [J]. International Journal of Research in Marketing, 2012, 29 (1): 25-34.

[140] Rindell A, Strandvik T. Corporate Brand Evolution: Corporate Brand Images Evolving in Consumers' Everyday Life [J]. European Business Review, 2010, 22 (3): 276-286.

[141] Roth M S, Romeo J B. Matching Product Category and Country Image Perceptions: A Framework for Managing Country-of-Origin Effects [J]. Journal of International Business Studies, 1992, 23 (3): 477-497.

[142] Rui V D S, Alwi S F S. Online Corporate Brand Image, Satisfaction and Loyalty [J]. Journal of Brand Management, 2008, 16 (16): 119-144.

[143] Schooler R D. Product Bias in The Central American Common Market [J]. Journal of Marketing Research , 1965, 11, (2): 394-397.

[144] Sergio W. Carvalho, Sridhar Samu, Subramanian Sivaramakrishnan. The Effect of Country-Related Brand Associations and Product Attributes

on Attitude toward Unfamiliar Foreign Brands: A Schema Congruity Perspective [J]. Journal of International Consumer Marketing, 2011, 23 (1): 135-150.

[145] Shamim A, Ghazali Z. Customer Participation in Value Co-Creation: Can it Develop Corporate Brand Experience? [J]. Advanced Science Letters, 2015, 21 (5): 1197-1201.

[146] Smart J, Quester P G. The Influence of Consumption Situation and Product Involvement over Consumers' Use of Product Attribute [J]. Journal of Consumer Marketing, 1998, 15 (3): 220-238.

[147] Steenkamp J B E M, Alden D L. How Perceived Brand Globalness Creates Brand Value [J]. Journal of International Business Studies, 2003, 34 (1): 53-65.

[148] Steenkamp J B E M, Jong M G D. A Global Investigation into the Constellation of Consumer Attitudes Toward Global and Local Products [J]. Journal of Marketing, 2010, 74 (6): 18-40.

[149] Roper S, Davies S. The Corporate Brand: Dealing with Multiple Stakeholders [J]. Journal of Marketing Management, 2007, 23 (1): 75-90.

[150] Silva R V D, Syed Alwi S F. Online Corporate Brand Image, Satisfaction and Loyalty [J]. Journal of Brand Management, 2008, 16 (16): 119-144.

[151] Sonnier G, Ainslie A. Estimating the Value of Brand-Image Associations: The Role of General and Specific Brand Image [J]. Journal of Marketing Research, 2011, 48 (3): 518-531.

[152] Swaminathan V, Ahluwalia R. When Brand Personality Matters: The Moderating Role of Attachment Styles [J]. Social Science Electronic Publishing, 2009, 35 (6): 985-1002.

[153] Thompson S A, Sinha R K. Brand Communities and New Product Adoption: The Influence and Limits of Oppositional Loyalty [J]. Japan Marketing Journal, 2010, 29 (6): 90-101.

[154] Traylor M B, Joseph W B. Measuring Consumer Involvement in

Products: Developing a General Scale [J]. Psychology & Marketing, 1984, 1 (2): 65-77.

[155] Uddin J, Parvin S, Rahman M L. Factors Influencing Importance of Country of Brand and Country of Manufacturing in Consumer Product Evaluation [J]. International Journal of Business & Management, 2013, 8 (4): 65-74.

[156] Uggla H. The Corporate Brand Association Base : A Conceptual Model for the Creation of Inclusive Brand Architecture [J]. European Journal of Marketing, 2006, 40 (7): 785-802.

[157] Vlachos P A, Tsamakos A, Vrechopoulos A P, et al. Corporate Social Responsibility: Attributions, Loyalty, and the Mediating Role of Trust [J]. Journal of the Academy of Marketing Science, 2009, 37 (2): 170-180.

[158] Wang C K, Lamb C W. Foreign Environmental Factors Influencing American Consumers' Predispositions toward European Products [J]. Journal of the Academy of Marketing Science, 1980, 8 (4): 345-356.

[159] Wang X, Li F, Yu W. How Do They Really Help? An Empirical Study of the Role of Different Information Sources in Building Brand Trust [J]. Journal of Global Marketing, 2010, 23 (23): 243-252.

[160] Zaichkowsky J L, Simpson R N. The Effect of Experience with a Brand Imitator on the Original Brand [J]. Marketing Letters, 1996, 7 (1): 31-39.

[161] Zeugner-Roth K P, Diamantopoulos A. Advancing the Country Image Construct: Reply to Samiee's (2009) Commentary [J]. Journal of Business Research, 2010, 63 (4): 446-449.

[162] Zhang Y, Khare A. The Impact of Accessible Identities on the Evaluation of Global versus Local Products [J]. Journal of Consumer Research, 2009, 36 (3): 524-524.

[163] Zhou K Z, Nakamoto K. How do Enhanced and Unique Features Affect New Product Preference? The Moderating Role of Product Familiarity [J]. Journal of the Academy of Marketing Science, 2007, 35 (1): 53-62.

附录 调查问卷

中文问卷 中国跨国公司品牌调查问卷

尊敬的女士/先生：

您好！我正在进行一项有关中国跨国公司的品牌调查，非常感谢您的参加。

本调查问卷采用不记名方式，调查问卷结果将仅用于学术研究。同时，向您保证所获信息不会用于任何商业目的，不会对外公布，请您放心填答。

本问卷共有33个题项，每个题项陈述后面使用数字"1"至"5"表示您的同意程度，"5"表示您"非常同意"该陈述，"4"表示您"同意"该陈述，"3"表示您对该陈述的态度为"中立"，"2"表示您"不同意"该陈述，"1"表示您"完全不同意"该陈述。所有问题取决于您独立的判断，题目答案无所谓对错，请您按照自己的真实感受客观作答。

注：本问卷主要是想了解您对中国跨国公司的整体评价以及对中国整体国家品牌形象的认知，请您根据个人的情况如实回答下列问题。以下问题自左向右，同意程度逐步增强，请您在相应的答案下面画"√"。

第一部分：公司品牌选择

请在下面的横线上自行填写一个您较为熟悉的中国的跨国公司名称。

您较为关注的中国跨国公司是＿＿＿＿＿＿＿＿

（一）根据您自己在上面所填写（选择）的公司，请完成下面的测量题项。

序号		问题（以下题项中①~⑤表示"非常不同意"向"非常同意"依次渐进，即分值越大表示越同意），请在相应的框内打√	非常不同意←→非常同意
公司品牌形象	Q1	我认为该公司具有很强的实力	① ② ③ ④ ⑤
	Q2	我认为该公司在行业内具有很高的地位	① ② ③ ④ ⑤
	Q3	我认为该公司是所在行业的专家	① ② ③ ④ ⑤
	Q4	我认为该公司的品牌对我具有较强的吸引力	① ② ③ ④ ⑤
产品质量	Q5	我认为该公司的产品非常好	① ② ③ ④ ⑤
	Q6	我认为该公司产品的质量非常好	① ② ③ ④ ⑤
	Q7	与同类产品相比，我认为该公司的产品质量更好	① ② ③ ④ ⑤
	Q8	我认为该公司的产品带给顾客的好处很多	① ② ③ ④ ⑤
产品吸引力	Q9	我认为该公司的产品很具有吸引力	① ② ③ ④ ⑤
	Q10	我觉得该公司的产品非常合意	① ② ③ ④ ⑤
	Q11	我认为该公司的产品给人愉悦的感觉	① ② ③ ④ ⑤
产品可靠性	Q12	我觉得该公司的产品很可靠	① ② ③ ④ ⑤
	Q13	我觉得该公司的产品能够给我安全的感觉	① ② ③ ④ ⑤
产品熟悉度	Q14	您是否购买或是否经常使用该公司的产品？	否　　是
产品涉入度	Q15	对我来说，这种类型的产品很重要	① ② ③ ④ ⑤
	Q16	对我来说，这种类型的产品很有用	① ② ③ ④ ⑤
	Q17	对我来说，这种类型的产品能够给我带来很多的好处	① ② ③ ④ ⑤
购买意向	Q18	如果我打算购买这种类型的产品，我会首先考虑选择该公司的产品	① ② ③ ④ ⑤
	Q19	我将来会购买该公司的产品	① ② ③ ④ ⑤
	Q20	如果有朋友打算购买此类产品，我会建议他（她）购买该公司的产品	① ② ③ ④ ⑤

（二）根据您自身的情况，请完成下面的测量题项。

序号	问题（以下题项中①~⑤表示"非常不同意"向"非常同意"依次渐进），请在相应的框内打√	非常不同意←→非常同意
Q21	国际品牌或外国品牌的广告对我的消费选择有很大的影响	① ② ③ ④ ⑤
Q22	我关注其他国家的同龄人的消费习惯	① ② ③ ④ ⑤
Q23	我喜欢购买在全世界都很受欢迎的品牌，而不是很传统的本地品牌	① ② ③ ④ ⑤

（三）对于中国品牌，您的感觉怎样，请完成下面的测量题项。

序号	问题（以下题项中①~⑤表示"非常不同意"向"非常同意"依次渐进），请在相应的框内打√	非常不同意←→非常同意
Q24	中国品牌在国际上拥有良好的综合形象	① ② ③ ④ ⑤
Q25	来自中国的品牌具有很好的创造性	① ② ③ ④ ⑤
Q26	来自中国的品牌通常有很好的设计风格	① ② ③ ④ ⑤
Q27	来自中国的品牌与产品质量通常较好	① ② ③ ④ ⑤

（四）下面是关于您个人基本情况的描述，请您根据实际情况在相应选项上打"√"或在横线上面按要求进行填写。

1. 您的性别：①男　②女

2. 您的年龄：_____

　　①16~24　　　②25~34　　　③35~44　　　④45及以上

3. 您来自哪个国家：_____

4. 您的教育程度：_____

　　①高中/中专及以下　②大专/本科　③研究生及以上

5. 您在中国生活的时间：_____

　　①1~12个月　　②13~60个月　　③61~120个月

6. 您的月收入（RMB）（学生为月均消费）：＿＿＿＿＿＿＿＿
    ①0～5000元   ②5001～10000元
    ③10001～20000元   ④20000元以上

再次感谢您对我研究的支持!